JN075049

保育者の
自己成長を促す
90のポイント

子どもの
育ちを支える
「気づく力」

鈴木八朗 著

中央法規

これから読み進めていただくために

　さて、本書ではみなさんといっしょに〈気づき〉について考えていきます。〈気づき〉とは何かを考えるにあたって、本書では全部で5つのCHAPTER（章）で考えていこうと思います。

保育者と誰の間の〈気づき〉か

　保育者は子どもをはじめ、さまざまな人と接する仕事です。本書では、保育者が接する相手を大きく分けて「子ども」「保護者」「同僚」と設定しました。この本で扱う〈気づき〉は、この三者との間で起こるものを取り上げていきます。

　しかし、読み進めていただくとわかるのですが、〈気づき〉はこの三者との間だけに生じるものではありません。家族、友人、知人、恋人など、みなさんが向き合うすべての人に対して当てはまるはずです。読み進めながら、みなさんにとっての「誰か」を思い描いてみるのもよいかもしれません。

5つのCHAPTERでどのように考えるのか

　本書は5つのCHAPTERによって構成されています。

　CHAPTER 1　〈気づき〉と保育では、〈気づき〉とは何かを考え、〈気づき〉という状態を知り、〈気づき〉がなぜ必要なのかなどを考えるCHAPTERです。

　CHAPTER 2　〈気づき〉のステップ① 相手や状況に「気づく」では、〈気づき〉の本質を考える前に、〈ノイズ〉というものを頼りに、自

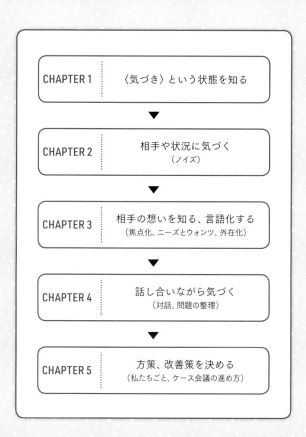

CHAPTER 1	〈気づき〉という状態を知る
CHAPTER 2	相手や状況に気づく （ノイズ）
CHAPTER 3	相手の想いを知る、言語化する （焦点化、ニーズとウォンツ、外在化）
CHAPTER 4	話し合いながら気づく （対話、問題の整理）
CHAPTER 5	方策、改善策を決める （私たちごと、ケース会議の進め方）

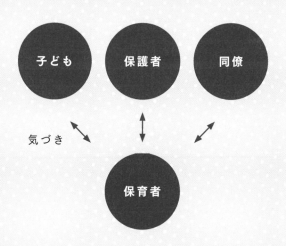

子ども　保護者　同僚

気づき

保育者

分自身について知ることを考えるCHAPTERです。

CHAPTER 3 〈気づき〉のステップ② 「問い」を立てるでは、〈気づき〉を得るために相手の想いを知る際に、「問う」ことの大切さを考えます。〈焦点化〉という手法を紹介します。また、相手の想いを言語化することの大切さを考えます。

CHAPTER 4 〈気づき〉のステップ③ 職員間で「検討する」では、複数の人と話し合うことによって得られる〈気づき〉について考えます。対話や問題の整理について紹介します。

CHAPTER 5 〈気づき〉のステップ④ 「方策・改善策」を決めるでは、方策や改善策の実施を検討するときの〈気づき〉について紹介します。

このような流れで進めていきます。みなさんがより良い〈気づき〉を得て、より良い保育をするための一助になればと思います。

著者

:: 目次

CHAPTER 3 　〈気づき〉のステップ②
「問い」を立てる

CHAPTER 4
〈気づき〉のステップ③
職員間で「検討する」

CHAPTER 5 〈気づき〉のステップ④
「方法・改善策」を決める

おわりに

〈気づき〉と保育

〈気づき〉とは何か、〈気づき〉の状態とはどのようなものか考えてみましょう。

1

〈気づき〉とは何か

「気づかない」とはどういう状態か

「気づく力」を考えていくにあたって、改めて〈気づき〉とは何かについて考えてみようと思います。

まず、〈気づき〉の反対の状態を考えてみましょう。〈気づき〉の反対の〈気づかない〉という状態は、どのようなことを指すでしょうか？

気づかない人の特徴として考えられるのは、「発想力が貧困」「気づかいができない」「見落としが多い」「おっちょこちょい」といった状態です。

〈気づき〉にも得意不得意がある

しかし、身の周りを見てみると、さまざまなキャラクターの人たちがいることがわかります。「注意深いのだけれど、発想力がない」「細かいところには気がつくのだけれど、気づかいができない」「おっちょこちょいなのだけれど、他人に対しては気がきく」といった具合です。つまり、〈気づき〉について考えてみると、人によって得意不得意があるのです。この「得意不得意がある」ということは、多様性があるということであり、本書で〈気づき〉について考えるための大前提となります。

一般的な〈気づき〉とは

　一般的にいう〈気づき〉とはどんな状態でしょうか。例えば、外で雨が降っているのを見て「雨が降り出しましたね」と指摘することも〈気づき〉の1つです。また、髪の毛を切って髪型を変えた人に対して「髪の毛を切ったのですね」と指摘することも〈気づき〉といえるでしょう。しかし今回この本では、このような誰もが認知することや違いに気づくことを〈気づき〉とは呼びません。

保育的な〈気づき〉とは

　本書で〈気づき〉と呼ぶのは「保育的な〈気づき〉」という状態です。大きく分けて2つあります。

　1つ目は、問題を見つけたときに「うまくいかないのはこれが原因だった」と気づくことです。そして2つ目は、解決方法として「このようにやっていけば、うまくいくかもしれない」と気づくことです。この「原因や課題を見つけたとき」と「解決方法を見つけたとき」の2つの場合に、〈気づき〉と呼ぶことにします。

　この2つの「保育的な〈気づき〉」は、両方とも「困った時に訪れる閃き」と言い換えられるかもしれません。何かに困っているときに考えていて、自分がどのように動いたらよいのかが見えたときが〈気づき〉です。この「保育的な〈気づき〉」は、「自分の行動や発言などを最適化するやり方が見えた」とも言い換えることができるでしょう。

2 〈気づき〉を阻害するもの

知らず知らずの思い込み

　近年、保育の世界では「子ども主体の保育」がより良い保育とされていることもあって、保育者は子どもの表面的な行動面だけを見て保育を判断してしまうことがあります。みなさんも、活動的に見えない子どもを消極的だとか主体性がないと決めつけたり、また、元気に明るく子どもに働きかける保育が保育者の姿だと思い込んだりしていないでしょうか。

思い込みは〈気づき〉を阻害する

　私たちは子どものころからのさまざまな体験を積み、学習し、考えながら生きてきました。このようにして得た経験から生まれる知識は、とても大切なものです。しかし、このような知識はときに思い込みとなり、知らず知らずの思い込みは、〈気づき〉を阻害するものとなってしまいます。

子どもは……

B型の人は……

　私は、知らず知らずの思い込みを「無意識の思い込み」または「アンコンシャス・バイアス（無意識の偏見）」

だととらえています。詳しくはCHAPTER 2やCHAPTER 4で紹介しますが、このような思い込みを乗り越えることで、新たな〈気づき〉に出会うことができるのです。

根拠が揺らいでいるということ

　なぜ思い込みが〈気づき〉を阻害するのかというと、根拠が揺らいでいる状態だからです。「この子どもはこのような性格だ」「血液型がB型の人はこのような人だ」といった内容のどこに根拠があるでしょうか。また保育でも、「活動的ではない子どもは消極的だ」「保育者は明るく元気でなくてはならない」というのも根拠はあるでしょうか。このような思い込みに頼ることは、根拠を見つけたり考えたりすることをあきらめることです。そのために、根拠が揺らいでしまうのです。

　このようにして、知らず知らずの思い込みは、ときに悪さをすることがあります。

〈気づき〉は思い込みから離れるということ

　知らず知らずの思い込みは、なぜ起こるのでしょうか。例えば「血液型がB型の人はこのような人だから、私はこのような人間だ」と、自分を守るために思い込んでいるのかもしれません。また、思い込んでいる内容以上に考えなくてもすんでしまいます。無理に頭を使って考えなくてもよくなるので、思い込みで見てしまうことは、実は楽なのです。しかし、これでは思考停止を引き起こしてしまい、〈気づき〉は得られません。

　私たちはものごとを見たり考えたりするときに、「自分には、知らず知らずの思い込みがあるかもしれない」と知っておくだけで、豊かな〈気づき〉を得る準備ができあがります。

3

〈気づき〉の快感と高揚感

〈気づき〉を得たときの体感

　保育における〈気づき〉とは、「原因や課題を見つけたとき」と「解決方法を見つけたとき」の2つだと設定しました。きっと日々の保育のなかで、みなさんも多くの〈気づき〉を得ていることでしょう。

　ところでみなさんは、〈気づき〉を得たときに、身体的な感覚があることを知っていますか?「原因や課題が見つかった!」「解決方法が見つかった!」というときには、独特の快感と高揚感があるでしょう。この快感と高揚感、私はとても大切なものだと思っています。

モチベーションになる快感と高揚感

　〈気づき〉を得たときの快感や高揚感は、ものごとに向き合うことや仕事へのモチベーションに変わります。「楽しい」と思い、「もっとやってみよう」という感覚へとつながっていくのです。保育をするうえで、この〈気づき〉の快感や高揚感はとても大切なものだと思います。

　私たちは、子どもたちの姿を見ていて「気づいた」「わかった」と言っているときには快感や高揚感を感じていて、この感覚こそが、仕事のおもしろさになっているのです。そのため、反対に〈気づき〉のない状態になってしまっているときは、仕事が単調でつまらないと感じているのではないでしょうか。

このように考えてみると、〈気づき〉は快感や高揚感を通して、仕事へのやる気やモチベーションを高める効果があるのかもしれません。

怖さを乗り越え自信につなげる

〈気づき〉とは、「原因や課題を見つけたとき」と「解決方法を見つけたとき」と言ってきましたが、これは一方で、見たくなかったものを見ることになり、思いがけないことに気づいてしまい、怖いと感じることがあるでしょう。この感覚は、過去の経験や価値観によって変わってきます。しかし、〈気づき〉には独特の快感や高揚感があるので、よい〈気づき〉があったときは、「これをクリアすれば、新しい自分に出会えるのだ」と、次に踏み出す一歩になっていきます。きっとこのような快感や高揚感を感じながら、日ごろからものごとをよく見たり考えたりしている人も多くいることでしょう。

自分のキャラクターと、自分の経験と、自分の知識を最大限に活かしながら、保育ができることはとても幸せなことです。そして、その幸せに気づいたときに、小さな自信へと変わっていきます。〈気づき〉の快感と高揚感が、この幸せな状態を加速させてくれるのです。

原因や課題が見つかった！

4 〈気づき〉はなぜ必要？

〈気づき〉と〈学び〉はセット

　なぜ、私たちにとって〈気づき〉は必要なのでしょうか。

　私は〈気づき〉と〈学び〉はセットだと考えています。例えば、研修に参加して帰ってきた保育者のなかには、「今日は、よい学びがありました」と言う人と、「今日は、よい気づきがありました」と言う人がいるのです。一見すると〈気づき〉と〈学び〉は似ているように思えますが、実はまったく異なるものです。

〈気づき〉は〈学び〉を起こさせる

　〈気づき〉が得られるのは、「原因や課題を見つけたとき」と「解決方法を見つけたとき」ですが、その際に偶然の閃きのような感覚もあります。対して〈学び〉は、最後の最後は自分で手に入れないといけないものです。継続的に知ろうとしたり、動いたりするなど、自分が主体的にならないと〈学び〉を得ることはできません。この〈学び〉を起こさせるものが、主体的に知ろうとするための動機であり、その動機が〈気づき〉ではないかと思います。

〈気づき〉を放置しない

　〈気づき〉と〈学び〉はセットのようなものなので、常にこの2つがサ

イクルとなってめぐっていると
いってよいでしょう。〈気づき〉
を得て主体的に実行することで、
自分のなかに〈学び〉として定着
させることができます。

　つまり、〈気づき〉で閃きを得た
としても、閃いただけではいけま
せん。閃きをそのまま放置してい
たのでは、ただ何かおもしろいこ
とを思いついたというだけになってしまいます。〈気づき〉を得て何か
見えてきたときに、「もう少しで答えが見えてきそうだ」「わかりそう
だ」というときこそ、自分で言葉にして誰かに話してみるとか、文章
にして形にしていくことが必要になります。そのようにすることで、
閃きは自分のものになっていきます。

〈気づき〉は自分自身の背中を押す

　このように、〈気づき〉は〈学び〉のために必要です。また、〈気づき〉
を得たあと、〈気づき〉を放置してはいけません。〈気づき〉を得たとき
こそ、そのあとどのように行動するのかが大切です。〈気づき〉によっ
て自分が変わります。結果に向かおうとする自分になるのです。

　得た〈気づき〉によって自分自身の背中が押され、主体的にさまざ
まなものに興味をもって動いていくことで、大きな〈学び〉を得るこ
とができるはずです。

5

〈気づき〉と 子どもの最善の利益

〈気づき〉により得られる個別性の視点

　少し大きな視点になりますが、〈気づき〉を得ることで「子どもの最善の利益」を保障することができるのだと思っています。

　先に紹介したように、〈気づき〉によってアンコンシャス・バイアスなどの思い込みから離れることができます。そのことによって、〈気づき〉は「個別に一人ひとりを大切に見られるようになる」という結果を生み出す力があるのです。

　日々の保育を振り返ってみると、子どものためにと言いながらも、バイアスがかかった視点で見てしまっていることも少なくありません。しかし〈気づき〉を得ることができれば、アンコンシャス・バイアスなどで偏った視点から、冷静にものごとを分解して考える視点へと変えることができるのです。

　このものごとを分解してみる視点こそが〈気づき〉であり、その意味では「個別性を尊重する」「一人ひとりを大切にする」という世界観を、イメージとしてもつだけではなく、しっかりと実現させるために、一人ひとりを本当に大切にすることができるようになります。

子どもの最善の利益を保障する

　保育現場では、子どもや保護者や同僚に対する〈気づき〉が、さまざ

まな場面で保育や支援の第一歩となります。〈気づき〉はとても大切なものです。このように新人保育者からベテラン保育者まで、〈気づき〉は保育の基本であるにもかかわらず、あたり前のこととして見過ごされがちで、その大切さはなかなか言語化されていません。

　言語化されていないということは、〈気づき〉の存在自体が認識されていないということです。これでは、子どもや保護者や保育者など、保育現場で支援を必要としている人の声を聞き逃し、支援のタイミングを見逃す可能性も出てしまいます。めぐりめぐって子どもの最善の利益を損なう事態につながってしまうでしょう。

　このような状態にならないようにするためにも、本書では〈気づき〉についてていねいに考えます。保育の仕事は楽しいことばかりではありません。忙しかったり、悩んだり、苦しんだりすると、自分の見たいものだけを見ているという状況にもなりかねません。周囲のものが目に入らず、見えなくなってしまうことが多くなるのです。そのような状況から抜け出すことが、子どもの最善の利益を保障するためには必要になると思います。

6 〈気づき〉と〈ノイズ〉

気づける自分になる

　本書では、〈気づき〉とともに
〈ノイズ〉というものに着目しま
す。〈ノイズ〉とは「勝手に湧き上
がってくる感情」のことを言いま
す。詳しくはCHAPTER 2で説明
しますが、この〈ノイズ〉は私た
ちの〈気づき〉を左右するもので
す。〈ノイズ〉と向き合うことがで
きると、「気づける自分になる」
ことができます。

〈ノイズ〉は勝手に湧き上がってくる感情

　〈ノイズ〉とは、さまざまな場面で「勝手に湧き上がってくる感情」
のことです。同僚と話をするときにも、子どもの姿を見ているときに
も、保護者と話しているときにも、常に感情は勝手に湧き上がってき
ます。保育をしているときは、常にこの〈ノイズ〉と向き合っていると
いってもよいでしょう。

　私たちがこの〈ノイズ〉に向き合うことは、自分を知ることにつな

がっていきます。自分自身への〈気づき〉は、大きな変化をもたらします。例えば、思考や行動の癖に気づくことで、その癖を適切に少しずつ意識して改善することができるのです。

　行動の癖は、言葉遣い、腕を組む、やたらと鼻を触るなど、いろいろなものが当てはまります。注意して見てみると、自分では無意識に行っているものがたくさんあるのです。自分でその癖に気づくことができ、そのような癖があると知ることで、努力を要しますが、改善することができます。

自分のエゴや課題に気づく

　〈ノイズ〉と向き合うことで、よい仕事ができるようにもなります。〈ノイズ〉と向き合うとは、「勝手に湧き上がってくる感情」に向き合い、自分の癖や行動と向き合うことですが、その癖や行動に潜む「自分のエゴ」や「自分の抱えている課題」に向き合うことになるからです。

　「自分のエゴ」や「自分の抱えている課題」は、よい仕事をすることを阻害している要素です。〈ノイズ〉と向き合うことで、「よい仕事をすることを阻害している要素」を取り除いていくことができます。

〈気づき〉を得るための第一歩

　保育者は常にこの〈ノイズ〉を意識しながら、子どもたちと生活し、保護者とやりとりし、同僚と話し合い、自分自身と向き合っています。〈ノイズ〉とはどのようなものか、どのように〈ノイズ〉と向き合えばよいのかなどは、のちほど改めて紹介します。〈ノイズ〉を知ることこそが、自分を知り、自分と向き合い、〈気づき〉を得られる自分になるために必要なものなのです。

7

気づく力を鍛える 3つの条件

気づく力を鍛えるために

　「気づく力」は、さまざまな要因で生まれます。その気づく力を鍛えるための3つの条件を紹介しましょう。1つ目は「知識と経験の量を増やす」、2つ目は「〈問い〉を立てる」、3つ目は「解決志向で考える」です。

知識と経験の量を増やす

　知識を増やすためには、「園の先輩や同僚の話を聞く」「勉強会や研修会に参加する」「本を読んで学ぶ」ことなどが有効です。知識の量は、勉強すれば勉強しただけ増えます。例えば、リスク管理や衛生管理に関する研修に参加したとしましょう。参加してから園に戻ってくると、昨日まで気にならなかった保育室のさまざまな危険箇所が気になり出して見えてくることがあります。これは、知識が増えたからこそ〈気づき〉を得たということです。昨日まで気にならなかったことが、知識という刺激を受けたことで見える世界が変わったのです。

〈問い〉を立てる

　「〈問い〉を立てる」とは、「なぜだろう」と考えていくことです。例えば、保育室からすぐ外に出て行ってしまう子どもがいたとします。ここで「子どもが出て行ってしまって困るなぁ」と考えてしまうと、

ドアに鍵をつけたりロッカーで部屋を取り囲んだりする対症療法で終わってしまいます。

そうではなく、「なぜ、この子どもは出て行ってしまうのだろう」と考えてみましょう。「部屋の中で楽しめることは何だろう」「子どもが興味をもっていることは何だろう」と、次々と「なぜ」と〈問い〉を立てて考える癖をつけるのです。そうすることで〈気づき〉が得られ、より良い保育ができるようになります。

解決志向で考える

「解決志向で考える」とは、より良く解決するためにはどのようにすればよいのかを考えることです。

例えば、保護者から「風邪をひいてしまうので、冬場は子どもに外遊びをさせないでほしい」「洋服が汚れてしまうので、泥遊びはさせないでほしい」という要望が届いたとします。このような場合、要望をそのまま受け入れて保育を縮小させることがないようにしなくてはいけません。 まずは「お母さんは大変なのだな」と受け止めつつ、「子どもにとって最も大切なことは何か」という方向で考えていくことが大切です。

このように考えることで〈気づき〉を得て、より現実的な手段を選ぶことができます。

8

保育のゆらぎの幅と〈気づき〉

相互承認と〈気づき〉

　現在、保育では「協同的な学び」に代表されるように、民主的にみんなで考えて解決していくという考え方が主流になってきています。これは、「自分と考え方が違う人たちと一緒になって、同じ問題を解決していく」ことがとても大切になってきているからです。言い換えると、「私が考えている自由」だけではなく、「お互いに考えている自由」を相互承認していくということです。

　お互いを承認し合って問題解決をするためには、〈気づき〉が必要になってきます。〈気づき〉は相手を理解することにもなるからです。

ケアワークか自立支援か

　保育では、子どもの発達を根拠に「乳児と幼児」に分けて話されることが多くあります。2歳児までは乳児保育とされ、3歳児から幼児教育が始まります。しかし、保育所の園長として日ごろから保育者たちの働き方を見ていると、このように年齢ごとに分けることに、少し抵抗を感じます。なぜなら、0歳児の保育から5歳児の保育まで、絶えず行われているのは「ケアワークか自立支援か」のように感じるからです。ケアワークとは、食事・着脱・排泄への対応を含めありのままを受け止めることです。自立支援とは、その子どもの葛藤を支え自立を

Aちゃんの気持ちもわかるけど、Bちゃんもおもちゃがほしいみたいよ

促すあらゆる支援のことです。

　例えば保育者は、0歳児に対しても、ケアワークと自立支援のどちらが必要かを瞬時に判断して、保育をしています。あるときは、泣いている子どもを受け止めます。そしてまたあるときは、おもちゃの取り合いなどをしているときに「Aちゃんの気持ちもわかるけれど、Bちゃんもほしいって言っているよね」などと伝えて、子どもに葛藤を与えるような働きかけをして、同時に自立支援を行っているのです。

　このように保育者は、微妙なさじ加減で、子どもを受け止めることと葛藤を与える働きかけを行っているといえるでしょう。そのため、保育はとても難しい仕事なのです。

ゆらぎの幅をもたせるための〈気づき〉

　ケアワークと自立支援の間の「ゆらぎ」はとても微妙なものです。ケアワークと自立支援の選択には、ものごとへの応答性の高さ、つまり「ゆらぎ」が必要です。保育者の中には、絶えずこの「ゆらぎ」が起きています。このさじ加減を上手に行うのは、経験を要するとても大変なことです。保育者がこの「ゆらぎ」の幅を自分の中にもっているためにも、〈気づき〉は必要です。

　このように考えると、〈気づき〉は、保育現場で子どもと保育者の関係を根本的に支えるものでもあるのです。

〈気づき〉のステップ①

相手や状況に「気づく」

〈気づき〉を得るための最初のステップは、相手や状況に「気づく」ということ。具体的な例をもとに、考えていきましょう。

9 コミュニケーションとは？

コミュニケーションは期待と裏切りの繰り返し

　ここでは、誰かと2人で話をするコミュニケーションについて考えてみたいと思います。〈話し手〉と〈聞き手〉の役割があるとしましょう。この〈話し手〉と〈聞き手〉の気持ちの変化から、コミュニケーションを解き明かしていきます。

　まず、話しはじめる前からコミュニケーションは始まっています。〈話し手〉が話しはじめるときに相手である〈聞き手〉に期待するのは、「話を聞いてほしい」「気持ちをわかってもらいたい」という思いです。そして、「言葉の刺激」を発することから会話はスタートします。その言葉によって〈聞き手〉に〈ノイズ〉が生じます。〈聞き手〉はその

〈話し手〉　　〈聞き手〉

話を聞いてほしい

Aということ？

違うのだよなぁ

説明

いえ、そうではないのです

Bなんじゃない？

傾聴

はい……そうですね

数か月後

やっぱり、違うなぁ

前と同じことを言っている

〈ノイズ〉によって逆に自分の想いを〈話し手〉に返していくという現象を引き起こします。そのことで両者には想いのズレが生じてきます。

そして話しはじめたところから、〈話し手〉は〈聞き手〉の反応を確認します。このときに、〈聞き手〉の反応が〈話し手〉が期待するものと異なるとき、「あー、違うんだよなぁ」という落胆が〈話し手〉に生まれます。

ここで〈話し手〉は、2つの道を選択するでしょう。1つ目は、「いえ、そうではありません」と自分のことをよりわかってもらえるように一生懸命説明していくタイプです。2つ目は、「そうではないのだよなぁ」と思いながらも、相手である〈聞き手〉の言おうとすることを理解しようと傾聴するタイプです。しかし、最初に「気持ちをわかってもらいたい」と期待していた〈話し手〉にとっては、いずれのタイプも苦痛を伴うことになります。

しばらく話をしてみても状況が変わらないとしましょう。このとき、〈話し手〉は〈聞き手〉に対して「自分のことをわかってくれない」と思うでしょう。「これ以上話してもダメだ」となったときに、それまでの状況を続けるのが嫌で、〈話し手〉は「わかりました」などと言って適当に話を終わらせようとするでしょう。

しばらく時間が経って、再び同じ〈話し手〉と〈聞き手〉が話したとき、前回と同じようなやり取りになったとします。すると〈話し手〉は「やっぱりわかってもらえない」と落胆し、〈聞き手〉も「何度も同じことを聞かされて、〈話し手〉はわかっていない」と落胆するでしょう。

みんな傷つきながら話している

〈話し手〉と〈聞き手〉は、子どもと保育者、保護者と保育者、部下と上司などの場合が考えられます。このようにみてみると、コミュニケーションとは期待と裏切りの繰り返しということができるでしょう。どの立場の人も、傷つきながら話しているのです。

10 〈ノイズ〉で自分を知る

勝手に湧き上がってくる感情

　ここでは〈ノイズ〉というものについて考えていきたいと思います。
〈ノイズ〉とは「勝手に湧き上がってくる感情」です。前のページで、
人は傷つきながら話しているといいました。〈話し手〉と〈聞き手〉の
話が違ったときに、「相手にはわかってもらえないなぁ」「言いたいこ
とは違うのだけどなぁ」という感情が湧き上がりますが、この感情も
〈ノイズ〉です。

〈ノイズ〉はあらゆる場面で湧き上がってくる

　〈ノイズ〉は、話しているときだけ湧き上がってくるわけではありま
せん。例えば、保護者が子どもと登園してきたとき、子どもがいなく
なったあとで保護者が「子どもがかわいいと思えない」とひとり言を
言ったとしましょう。このときに、保育者であるあなたはどのように
対応しますか?

　保育者になりたての新人に聞くと、多くの人は「Aちゃんはかわい
いですよ、そんなこと言わないでください」と相手を説得するだろう
と答えます。これは、新人保育者のなかに「子どもをかわいいと思え
ない保護者は問題だ」という〈ノイズ〉が湧き上がっているからです。
自分のなかに湧き上がってきた〈ノイズ〉をどうにかしてかき消そう

として「そんなこと言わないでください」と、保護者の言動を否定する言葉をかけてしまうのです。これは、保育者自身の不安をかき消そうとする行為なので、保護者に寄り添っているとはいえません。

　もし「子どもをかわいいと思えない保護者は問題だ」という〈ノイズ〉が湧き上がってきたとしても、それが自分のなかの〈ノイズ〉だと認識していれば、保護者の言動を遮る（さえぎ）ことはせずに、「どうしたのですか？」「何かあったのですか？」などと問うことができるようになるでしょう。

〈ノイズ〉は自分自身に対する〈気づき〉

　このように、自分でも思いがけない〈ノイズ〉が湧き上がってくることがあります。〈ノイズ〉が湧き上がること自体は、悪いことではありません。〈ノイズ〉があることに気づくことが大切です。

　私たちは生活のなかで、あらゆる場面で〈ノイズ〉を感じています。この〈ノイズ〉の一つひとつが「ものごとに対して、自分はこのように感じているのだ」という〈気づき〉となるのです。そして、自分自身の〈ノイズ〉と向き合うことで、自分自身がどのようなことを考える人間かを知ることができるでしょう。

11

ねぎらいのシャワー

〈ノイズ〉を知るワーク

　自分のなかに湧き上がってくる感情である〈ノイズ〉を知ることは、とても大切です。ここでは、自分の〈ノイズ〉を知ることにつながる「ねぎらいのシャワー」というワークを紹介します。

他人の知らない自分を書き出す

　このワークは2人で行います。まず1人一枚ずつの紙を用意して、お互いに「他人は知らないけれど、自分ではがんばっていること」を、書けるだけたくさん紙に書き出してみましょう。

　小さながんばりはたくさんあるはずです。細かなことで大丈夫なので、たくさん書き出します。朝5時に起きている、朝食を食べている、花に水やりをする、出会った保護者にあいさつする、職場には出勤時間の15分前に到着するなど、何でもよいのです。

自分のがんばりを読み上げてもらう

　次に、2人がそれぞれ書き出した「他人は知らないけれど、自分ではがんばっていること」の紙を交換します。そして、1人ずつ相手の「がんばっていること」を読み上げます。

　1人は目をつむり、もう1人は相手が書いた「他人の知らない、がん

ばっている自分」を読み上げていくのです。読み上げるときは「Aさん
は、こんなに寒い朝でも毎朝5時に起きて、朝食も絶対に欠かさない
し、花に水やりをしているし、出会った保護者にはきちんとあいさつ
しているし、職場には早めに15分前に出勤しています」と肯定的に読
んでいきます。1人の読み上げが終わったら、役割を交代して、同じ
ように肯定的に読み上げていきます。

涙やエネルギーが溜まる場所を確認する

　この「ねぎらいのシャワー」は、自分の行っていることを肯定的な
視点でとらえることを目的としています。私が園内でこのワークをす
ると、「他人の知らない自分」を読み上げてもらい涙を流す保育者が
多くいます。それでいいのだと思います。

　また、目をつむって読み上げてもらっているときに、身体のどこか
一部が熱くなってくる感覚を覚えるでしょう。喉のあたりだったり、
胸のあたりだったりすることが多いです。そうした「エネルギーの溜
まる場所」を確認することも大切
です。何かに困ったときに、この
エネルギーが溜まる場所を触っ
てみるだけで、勇気が湧いてく
るように感じることができます。

　「ねぎらいのシャワー」のワー
クは、誰かにエネルギーを与えた
い、自分がどれだけがんばってい
るのかを改めて確認したいとき
などに、有効なワークです。そし
て、自分を適切に肯定するための
練習にもなっています。

〈気づき〉のステップ①　相手や状況に「気づく」

12

自分のなかの意識と無意識

意識と無意識は経験からできている

　自分のなかに、意識と無意識があることを考えたことはありますか？　私たちのなかにある意識と無意識は、自分のこれまでの経験から築き上げられたものです。この経験にはプラスのものとマイナスのものとがあります。例えばプラスのものであれば、友人と話をしていて楽しかった時間の経験、そしてマイナスの例としては、子どものころ父親や母親からひどく怒られて嫌な思いをしたとか、保育で子どもが自分に対して嫌な態度をとったという記憶、そして何か過去に失敗してしまった経験などです。これらの経験は、私たちのなかに記憶として積み重なり、意識と無意識の層をつくり上げています。

ふとしたときに湧き上がる無意識

　保育所で仕事をしているときに、例えば、保護者と話していて、ふと「なんだかこの人と話したくないな」と思うことがあるかもしれません。また、例えば子どもたちと過ごしていて「なぜか苛立ってしまう」なんてことはありませんか。

　理由はよくわからないけれどイライラし、ソワソワしてしまうようなとき、一度立ち止まってみてほしいのです。「私は何に対してイライラしているのだろう」「なぜ今、ソワソワと気持ちが落ち着かないのだ

ろう」と問うてみると、過去に保護者との間で起こった出来事や、子どもたちと一緒にいるときに起きた嫌な出来事があり、それらを無意識に思い出している可能性があります。この「過去の嫌な出来事」をマイナスの出来事ととらえることにしましょう。

意識や無意識は過去の自分からできている

ここで、「私は怒りっぽいからアンガーマネジメントを学ばなくてはいけない」などと早合点してはいけません。確かにアンガーマネジメントの知識を身につけると、一時的には怒らないようになれるかもしれません。しかし、「怒ってはいけない」と頭で理解していても、無意識のなかに蓄積されているマイナスの出来事が解決されていなければ、根本的には何も変わらないのです。この、マイナスの出来事、つまり過去の自分と向き合わなくては、何を学んでも根本的な解決にはつながりません。

このように考えると、「意識や無意識は過去の自分からできている」といえるでしょう。そしてこの「過去の自分の経験」と向き合うことは、私たちにとってとても大切なことなのです。

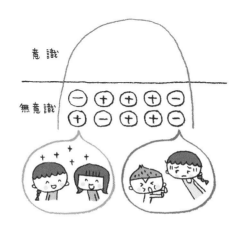

人によって違う、
無意識の度合い

緊張を伴う保育者の仕事

　保育者の仕事は多岐にわたります。子どもとの生活のなかで、ケアワークや自立支援を行いながら、子どもたちの学びを促進します。また、保育者が対応するのは、子どもたちだけではなく、保護者や同僚とのやりとりも大切なものです。このように幅広く対応するので、保育者になったばかりの新人などは、とても緊張しながら仕事をしているだろうと思います。

いつもと違うことをするという緊張

　例えば、日ごろの保育で「お迎えのときに、保護者に伝えなくてはいけないことがある」「お迎えのときに、保護者に聞かなくてはいけないことがある」ということがよくあると思います。新人保育者にとって、これはとても緊張するものです。緊張の原因は、「お迎えの対応で忙しいけれど忘れてはいけない」「保護者にとって、嫌なことを伝えることになるかもしれない」「伝えたときに、保護者に驚かれるかもしれない」「保護者から怒られるかもしれない」と心配することがあるからかもしれません。

　こうした心配は1つだけではなく、重層的になっている場合もあります。このような大変さのなかにいても、その都度どのようなことが

大変かについては、意外と保育者自身は意識せず、保育者同士でも語られていません。

人によって違う無意識の度合い

この「保護者に嫌なことを伝えることになるかもしれない」という感情の重たさは、保育者によって感じ方が異なります。A先生が大変だと思うことが、B先生にとっては当然のことだと思うくらいに程度が軽いと思っているということもよくあることです。このような大変さの度合いや〈ノイズ〉の違いは、それぞれの過去の経験からくる無意識によるものです。

ある状況で起こるかもしれないことを考える

保護者に何かを伝えるとき、保育者はいろいろなものを見ています。保護者のとる態度や視線や声色。そして過去の同じような経験に起因して、余計に緊張してしまったり、自分らしく喋ることができなかったり、伝えるべきことを忘れてしまうことがあるものです。

Aさんに
伝えなくては
......

このように、「ある状況になったときに、起こるかもしれないこと」を考えることは大切な〈気づき〉となります。また、〈気づき〉を得ることで相手を思いやる余裕がもてるようになるのです。

14

無意識に気づくワーク

印象に残ったモノやコトを書き出してみる

　ここで、自分の無意識に気づくためのワークを紹介しましょう。

◉ワーク1　レストランや旅館を訪れたときのこと

　レストランや旅館を訪れたときに、「いいな」と感じたところを紙に書き出してみましょう。書き出す項目の数はいくつでもかまいません。どのような小さなことでも大丈夫なので、印象に残ったモノやコトを書き出します。みなさんは、どのような印象をもちましたか。

■自分がどこによい印象をもったのかを確認する

　このワークは、自分がどのようなことに好印象を抱くのかを知るワークです。「印象に残ったモノやコト」を書き出して見比べてみましょう。自分が書き出した内容の傾向を探ることで、無意識と向き合うことができます。

　私はよく、保育者とこのワークを行います。保育者が書き出した内容には傾向があります。料理がすごくおいしかった、入り口がおしゃれな造りだった、器がきれいだった、と

いったことは意外と出てきません。困っていたときにどのように対応
してもらったか、こんなふうに声をかけてもらった、店員にやさしく
してもらったなどが、好印象として残っているようでした。

　みなさんは、どのようなモノやコトに、よい印象をもちましたか。

◉ワーク2　小学校時代の嫌なこと

　2つ目のワークを紹介します。これは、小学生のころにあった「嫌な
こと」を紙に書き出してみるワークです。

　友だちとのこと、先生とのこと、家族とのこと、何でもかまいませ
ん。実名なども出さなくていいので、覚えていることを書き出してみ
ましょう。

■ どのように消化したのかを考え、自分に声をかける

　このワークは、傷ついた自分を知るためのワークです。思い出して
書き出した小学校時代の嫌なことは、今は消化されているでしょう
か？　もし、今もまだ消化されていない感情が残っていてもかまいま
せん。私が保育者とこのワークをしたときには、保育者はたくさん書
き出していて、20年以上経っていてもまだ消化されていない感情が
たくさんありました。それでいいのだと思います。

　次に、「今の自分が、小学校時代の傷ついている自分に声をかける
としたら、何と言う？」と問いかけます。保育者とのワークでは、「そ
の立場のときには仕方がなかったんだ」とか「あのときの親にも事情
があったんだ」などと声をかけていました。

　このワークは、過去の嫌な経験を癒していくというものなのです。

〈気づき〉のステップ①　相手や状況に「気づく」

15 イライラは 傷つきから起こる

気になる保育者と面談をするときに

　私は「助言すること」について考えることがあります。例えば、こんな保育者がいたとします。子どもにイライラして怒ってしまう、子どもに対して厳しい態度をとってしまうなど、不適切な対応や行動をとる保育者です。メンターの先輩保育者から、「最近、あの保育者の様子が気になるので、面談の時間をとってもよいですか？」と相談され、面談の時間を設けることにしました。

　このときに注意しなくてはいけないのは、「気になる保育者の行為を見ているのが嫌だから、変えさせたい」と思っているのは先輩保育者で、後輩の保育者は自分ではおかしいとは思わず、自分の行動を変えなくてはいけないとも思っていない場合があるのです。

その人が「困っていること」に目を向ける

　この場合、大切なのは「気になる保育者は、何に困っているのか」という視点です。何かに困っていて、イライラして不適切な行動をとっていると考えてみます。そうすることで、「最近、何か困ったことはない？」「大変そうだけれど何かあったの？」などと声をかけることができるでしょう。

　たとえどんなに相手の行動が不適切で気になると思っていても、頭

ごなしに否定すると、相手は嫌な思いをして「自分は信じてもらえていない」と傷ついてしまう可能性があります。

その人の傷つきや怒り、悲しみに寄り添う

何か不適切な対応や行動をとっている人は、根底に傷つきや怒り、悲しみがあることが多いです。子どもたちの姿を見ていても、同じではないかと思います。

困った行動をとる子どもは、本当に人を困らせたいと思っているわけではなく、悲しみや不安、怒りなどがあって、解決できないモヤモヤとした思いを爆発させているだけかもしれません。

保育者も同じです。まずはその人の悲しみや不安、怒りの感情をていねいに解きほぐして、保育者自身が「私にはこんな悲しみや不安や怒りがあったのだ」と知ることが、事態を改善させるために大切だと思います。

見えている行為の原因は、思いがけないところにある

このように、人の行為の原因は、目に見えているものだけではなく、思いがけないところにある場合があります。私たちは日ごろから、このようにとても繊細なコミュニケーションをしているのです。

何に
困っているの？

16

保護者に伝え、
保護者から聞く

伝えるという命題から逃れられない

　ある日、1歳児クラスで保育中に噛みつきがありました。噛みつかれた子どもの腕に歯型が残ってしまったので、保護者に伝えることにしました。

　1歳児クラスの担任は新人保育者でした。その新人保育者は、「お迎えに来た保護者に、伝えなくてはいけない」という命題が与えられた瞬間に、「なぜ噛みつきが起こってしまったのだろう」「どのように保護者に伝えようか」と考え出すのです。

　このときに重要なのは、保護者の立場に立つことです。保護者はいつもどおり「今日もありがとうございました」と子どもを迎えに来ます。そのとき保育者は、いきなり「今日、噛みつきがあって」と自分の伝えたいことだけ伝えようとしてはいけません。経験の浅い保育者であるほど「伝えなくてはいけない」という責任で頭がいっぱいになってしまい、相手の様子を確認して伝える余裕がなくなってしまうのです。

聞くという命題からも逃れられない

　やはり1歳児クラスで、ある子どもに不安定な行動がありました。いつもはそんなことないのに、その日の子どもは荒れていました。「保護者に家庭での様子を聞いてみよう」ということになり、担任の保育者が

その役割を任されました。

「家庭での様子を聞かなくてはいけない」という命題を与えられると、引き渡しの短い時間のなかで聞かなくてはいけないので、その命題にとらわれてしまいました。すると、いつもはできている保護者との普通の日常会話ができなくなってしまったのです。

今日、噛みつきがあって……

命題を与えられた上でのコミュニケーション

保護者に伝えなくてはいけない、保護者に聞かなくてはいけない、こうしたシーンはよくあります。しかしその時点で、保護者は何も知らないので、保護者とのコミュニケーションにズレが生じているのです。「自分が伝えたいことだけを伝えていないか」「自分が聞きたいことだけを聞いていないか」と、一度冷静になる必要があります。

誰のための会話か

大切なのは、「その会話は、誰のためにしているのか」を考えることです。子どものための会話でしょうか、保護者のための会話でしょうか。少なくとも、保育者のための会話ではないはずです。これを考えてみるだけで、「伝えなくてはいけない」という保育者としての命題にとらわれずに、落ち着いて話せるようになるはずです。

〈気づき〉のステップ①　相手や状況に「気づく」

情報伝達の進化と
コミュニケーション

LINEやメッセンジャーでのやりとりの特徴

　最近では、LINEやメッセンジャーでのやりとりがあたり前のものになりました。保育現場で働いていると、最近の情報伝達の進化とコミュニケーションについて考えることがよくあります。

　LINEやメッセンジャーでのやりとりは、親しい間柄でやりとりされる、短い言葉やスタンプでの情報のコミュニケーションだということができるでしょう。日ごろからこれらを使い慣れている人は、必要な情報を短時間でやりとりすることが、ごく自然のことになっているかもしれません。

対面でのやりとりは感情の比重が高い

　保育現場で必要とされる対面でのやりとりは、感情の比重が高いコミュニケーションです。対面で話すときには、最終的に想いや感情を共有することになります。

　例えば、ある日、とてもがんばって跳び箱を跳べた子どもがいて、その保護者が子どもを迎えに来たときに、そのことを共有しようと「今日、Aちゃんが跳び箱を跳べて、とてもがんばったのです」と話しかけたとします。しかし本当は、「跳び箱が跳べた」という事実を伝えたいのではなくて、「跳び箱を跳べて、跳んだ本人も見ていた私もと

てもうれしかった」という感情を伝えたかったのです。しかし、保護者は「跳び箱を跳べたのですか、そうですか、ありがとうございます」とだけ言って、反応を示さなかったなどということは、よくある話です。

　このようなときに、「あの保護者は、子どものことを考えていない」と職員間で引き継がれてしまうことがありますが、気をつけなくてはいけません。

伝えたい事実は何か

　跳び箱を跳んだ子どもの保護者とのやりとりの場合、「伝えたかった事実は何か」を考えることが必要です。そして、伝えたい事実をしっかりと伝えていたかどうかを振り返ることが大切です。また、「あの保護者は、子どものことを考えていない」など、事実と異なる引き継ぎをする危険も考えなくてはいけません。これはやりとりから受けた印象に「色づけされた事実」であり、「伝えた事実」ではありません。

　この「色づけされた事実」は、保育者が傷ついたからこそ生まれたものかもしれません。私たちは、コミュニケーションによる傷つきに気づきつつ、自分たちの伝えるべきことをしっかりと考える必要があります。

〈気づき〉のステップ①　相手や状況に「気づく」

伝わらないということ

伝えたいのに伝わらない

　保育の中では、保護者と話すことが多くあります。その保護者とのやりとりで、「伝わらないなぁ」と感じた経験はありませんか。

　子どもの跳び箱でのがんばりを伝えたけれど、保護者はあっさりと答えただけで、想いを共有できなかった話を、前のページで紹介しました。このような行き違いはよくあり、園の中での同僚とのやりとりでも見受けられることです。

　例えば、同僚をきつい口調で傷つけてしまったとか、困らせてしまったということもあるでしょう。また、2歳児クラスのことについて「クラスでこんなことに困っているのです」と園長に伝えても、「そんなの2歳児では普通でしょう、現場で解決しなさい」と言われて苦しんでいる保育者たちが多いのではないかと思います。

　これらはいずれも、「伝えたいのに伝わらなかった」ということで

す。なぜこのような状態になるのでしょうか。

伝えたいことは何？

　大切なのは、「私は何を伝えたいのだろう」と考えることです。例えば、クラスのことを伝えるにしても、「私がこんなにがんばっていることをわかってもらいたい」のか、「子どもたちがつらい思いをしていることをわかってもらいたい」のか、何を伝えたいのかを考えることで、伝えるときの話し方が変わります。

伝えたいことは事柄ではなく感情だった

　保育現場でよく見受けられるのは、「伝えたいことは事柄ではなく感情だった」ということです。「私はこんなにがんばっていて、とてもつらいのです」「子どもたちがつらい思いをしているのを見ていると、私自身が苦しくなるので、わかってほしい」という自分のつらさや苦しさ、あるいは「子どもたちの遊ぶ姿を見て、とてもうれしかった」などのうれしさという感情を共有したい傾向が多く見受けられます。

誰の幸せにつながる話？

　私が保育者によく伝えるのは、「あなたが話している話は、誰の幸せにつながるのか？」ということです。そのように尋ねることで、自分がやりたかったことを伝えていただけだった、自分の想いが先走っていたなどと気がついて我に返る保育者が多くいます。子どものためと考えてはいても、自分主体でものごとをとらえていることがよくあります。自分が望んでいることを伝えるのではなく、子どもが望んでいることを共有できるようになりたいものです。

19 傾聴の落とし穴

傾聴は難しい

　コミュニケーションは期待と裏切りの繰り返し、そして、〈ノイズ〉という「勝手に湧き上がってくる感情」で気持ちは左右されてしまうということを話してきました。

　保育では特に、保護者対応などで傾聴の大切さが唱えられています。私も傾聴はとても大切だと思うのですが、同時にとても難しいと思っています。傾聴するというのは、本当に難しいことでエネルギーのいることなのです。

母子生活支援施設での経験

　私は保育所の園長になる前、母子生活支援施設の指導員をしていました。この施設では、ドメスティック・バイオレンス（DV）や虐待など家庭でさまざまな問題を抱えた母子が生活をしていました。

　例えば、女性の職員が相談のために、DVで夫から暴力を受けた女性の話を聞いていると、「そんな男性の近くにいるほうがよくないから、逃げたらいいのに」「そんな男性とは別れたほうがいいのに」という感情が湧き上がってくるのです。これは職員のノイズです。このようなノイズが湧き上がってくると、相手の話したいことや本当の苦しみに近づけなくなってしまいます。

一方で、暴力を受けている女性の「夫は、私がいないと自分で死んでしまうのではないかと思って、受け入れてしまう」という言葉に対して、「すごくよくわかる」と共依存的に理解を示してしまう職員もいました。そのような、「わかる、とてもよくわかる」という職員の感情が伝わると、暴力を受けた女性も「この人にはわかってもらった」と感じられるのですが、意外と無意識でのマイナスの経験が一致しているときもあり、冷静さを失い危険な状態でもあるのです。マイナスの経験で共感しあって、暴力を受けた女性をエンパワメントする方向に向かわないのです。

暴力を受けた女性と職員との2人だけで「共感できた」という世界にこもってしまうことは、改善へのエネルギーが生まれてこないため、とても危険だといえます。

なぜ共感できたのかを考える

保育所では、ここまで深刻な問題を保護者対応で取り扱うことは少ないと思いますが、保護者対応をはじめ、誰かの話を聞くときに大切なのは「なぜ共感できたのか」を冷静に考えることです。話を聞く立場の人は、自分の〈ノイズ〉と向き合い、また無意識にひそむ過去の経験からくるマイナスやプラスの記憶と向き合うことが大切です。

20 傾聴の コミュニケーションのずれ

傾聴と〈ノイズ〉

　傾聴は大切だといわれますが、とても難しくエネルギーのいることです。絶えず自分と対話し続けないと、相手に寄り添った傾聴はできません。

　そこで大切になってくるのが、〈ノイズ〉です。

わかってほしい〈話し手〉と構える〈聞き手〉

　コミュニケーションでは、〈話し手〉と〈聞き手〉しか存在しません。〈話し手〉はなぜ話すのかというと、わかってほしいからです。わかってほしい内容は「事柄」と「感情」のどちらかですが、事柄をわかってほしい場合は報・連・相（報告・連絡・相談）になります。

　〈聞き手〉は過去の相手からのイメージを受け取って、話を聞く前から構えている場合があります。このような場合、〈話し手〉と〈聞き手〉のコミュニケーションはうまくいきません。〈話し手〉はわかってほしいのに〈聞き手〉は聞く準備ができていないためです。

〈ノイズ〉がじゃまして、すれ違うやりとり

　また、〈話し手〉が話し出すと、〈聞き手〉には〈ノイズ〉が湧き上がってきます。例えば、保育者同士が話しているときに、〈話し手〉である

保育者が「最近やる気がなくて」「あの子どもが、私に迷惑ばかりかける」などという負の感情を口にしたとしましょう。本当は、その言葉を言いたいわけではなくて、「本当に苦しい」「私は困っている」と伝えたいだけなのかもしれません。しかし、「この子どもがクラスにいなければいいのに」という言葉になって出てきたとき、〈聞き手〉の保育者に「保育者なのにそんなことを言うなんて」という〈ノイズ〉が湧き上がってきたとします。すると、その〈ノイズ〉を鎮めるために「Aちゃん、かわいいですよ」などと説得し始めます。

　すると、ここから「そうではなくて、私が言いたいのは」と〈話し手〉が説明する場合があるのです。何回か繰り返して「あぁ、この〈聞き手〉にはわかってもらえない」という思いを抱くと、「そうですよね、子どもってかわいいですよね、間違っていました」と〈話し手〉が引き下がります。すると、〈聞き手〉としては「わかってもらえた」と誤解してしまいますが、根本的には何も解決されていません。

　このように、一見すると傾聴できているように思えますが、勘違いやすれ違いはよく起こっているものです。私たちは常に〈ノイズ〉と向き合い、冷静に判断する必要があります。

あの子どもが
私に迷惑ばかり
かける

保育者なのに
そんなことを
言うなんて……

21

〈気づき〉は フラットな関係から

保育は感情労働

　しばしば「保育者の仕事は肉体労働だ」「いや、頭脳労働だ」などと議論されることがあります。そのやりとりを聞くたびに、私は「保育は感情労働だ」と思ってきました。感情労働とは、保育者が子どもの気持ちを受け取るだけではありません。保護者や同僚たちとの感情や想いの受け渡しがとても多い職業なのです。

コミュニケーションは単純ではない

　感情や想いの受け渡しは、コミュニケーションととらえることもできます。そのため「保護者支援は大切だ」「保育者の同僚性は大事だ」といわれるなかには、必ずコミュニケーションの課題が含まれているのです。このコミュニケーションの課題は、単純な良し悪しで語れない難しさがあります。

〈気づき〉はフラットな関係から生まれる

　保育の現場では、対話が重視されています。ディスカッション（議論）やディベート（討議）とは異なるのが対話です。

　対話では、時間内に結果を出す必要はありません。方向性を見つけることが義務づけられてもいません。また、話し合う内容にエビデン

ス（根拠）が必要という厳密さからも解放されています。

　対話が重要視されているのは、〈気づき〉が促進される環境のためだと思っています。本当の〈気づき〉が得られる環境には、フラットな人間関係が存在するのです。

　対話がしっかりと成り立ったと感じるときは、対話する人同士で安心感があり、結果がしっかりと得られるものです。反対に結果が得られない場合は、ただの意見交換や事実確認になっている場合が多いでしょう。

対話で重要なのは自己覚知

　このような対話ですが、重要なのは自己覚知、つまり自分を知ることです。これは〈ノイズ〉のところで何度もお伝えしていることですが、自己覚知がとても重要になってきます。まずは〈ノイズ〉と向き合い、自分と向き合うこと。これこそが豊かな対話の第一歩となることはいうまでもありません。

　保育者は、子ども、保護者、同僚との対話が大切になりますが、いずれの対話も、まずはじめに自分自身の〈ノイズ〉と向き合うことから出発します。

　保育所もICT化が進んできて、情報共有や情報伝達を即時的に行うことが大事だとされています。このようなタイムリーな情報伝達に対して、対話は大きく異なるものです。私たちは改めて対話の重要性を考える必要があるのかもしれません。

22

ヒト・モノ・コトとの対話

保育のなかでの対話とは

　保育では対話が大切だということがわかっていますが、対話のなかには「ヒトとの対話」「モノとの対話」「コトとの対話」という3種類があるのではないかと思っています。例えば、子どもが一生懸命泥をベチャベチャと触って探究しているとしましょう。

　この姿を見て、保育者であれば「遊びながら探究している」ととらえることができます。しかし保護者は、その価値がわからない場合があり「またドロドロに汚しちゃって」と、子どもの遊びを遮ろうとすることがあります。

　このようなとき、私は保護者に「泥や土と対話しているのですよ」と説明します。

泥や土との対話

　子どもは泥や土と対話しているとき、自分のとった行為（指や手で触るなど）に対して、ベタッとした、ヌルッとした、固まったなどと確認しますが、これは泥や土を相手としたやりとりのなかで対話しているのです。子どもには絶えず〈ノイズ〉が湧き上がっていて「おもしろいな」「気持ち悪いな」「硬いな」と湧き上がってくる感情と向き合っています。これは要するに、自分と泥や土との間で対話があり、〈気づ

き〉が促進されているのです。このような泥や土との対話が進むと次の行為に移ります。モノと対話したあとに心が動くのです。

　次に、画用紙に絵の具と素手で絵を描いたとしましょう。ベタっと絵の具を手で画用紙に塗りつけてみると、たまたま細長いものが描けたとします。すると子どもは蛇を描いたつもりはなくても「蛇ができた」と言うことがあります。もう一度、絵の具を画用紙に塗りつけてみると、今度は丸みを帯びたうさぎの耳のようになりました。このようにして表現活動がどんどん広がっていくのです。このような表現活動は、モノやコトとの対話です。

ヒトとの対話も同じように

　ヒトとの対話も、モノやコトとの対話と同じように、相手との応答のなかで進んでいきます。表現活動のなかでは、保育者からの支援を受けながら、子どもたちは相手との応答を楽しんでいます。「蛇ができた」と保育者に伝えれば、保育者に「長い蛇が描けたね」と応答してもらえるでしょう。また、言葉だけではなく、態度や表情などで応答することにより、〈気づき〉が促進され、対話が成り立っていくのです。

　このように、ヒト・モノ・コトとの対話は、〈気づき〉にとってとても大切な要素となります。

23 対話における刺激

刺激への反応を繰り返す

　私たちが対話をするとき、何と対話をしているのでしょうか。対話というと、自分と相手との間での言葉のキャッチボールをイメージする人も多いかもしれません。

　ヒトとの対話は、絶えず相手との応答のなかで、相手から投げかけられる言葉だけでなく、態度や表情も受け取っています。この態度や表情などを、私は「刺激」と呼んでいます。この刺激に対して、人は反応してしまうものです。

　例えば、話をしているときに、〈聞き手〉が目を見てうなずきながら聞いてくれていれば、〈話し手〉はどんどん話を進めていこうという意欲が出てきます。反対に、〈聞き手〉が腕組みをして聞いていたり、足を組んでいたり、話を聴きながらあくびをしたりすれば、途端に〈話し手〉は萎縮して話せなくなってしまいます。このような刺激への反応を、対話の間私たちはずっと繰り返しているのです。

刺激と〈ノイズ〉

〈話し手〉と〈聞き手〉との間でこのような刺激がやりとりされている間は、〈話し手〉にも〈聞き手〉にも〈ノイズ〉が湧き上がります。相手 がつまらなそうにしていたら「きちんと 聞 いてもらえていないな」「早く話を切り上げよう」という〈ノイズ〉が湧き上がるでしょう。私たちは表面的に見える態度や表情から刺激を受けて、〈ノイズ〉が湧き上がり、その〈ノイズ〉を処理しようとするのです。

強い刺激と心地よい刺激

人には、刺激が飛んでくると反応してしまうという特性があります。その刺激が強すぎると、怖いという感情をもつでしょう。野球のキャッチボールでボールが強めに投げられるようなイメージで、そのボールから逃げたくなってしまうのです。反対に、刺激が好きなことだと、心地よい刺激となり、受け取りたくなってしまいます。このような刺激の質によって、私たちの反応は変わっていくのです。

コミュニケーションが苦手だと考えている人から相談を受けることがあります。コミュニケーションが苦手だと感じている人たちは、飛んできた刺激に対して考えすぎてしまう傾向があるように思います。飛んできた刺激を強い刺激と感じて、うまく受け止めきれずに、ドギマギとした反応になったりするのです。

対話は、言葉のキャッチボールだけではなく、刺激のキャッチボールをしていますが、より良い関係を築いていくために、刺激の受け取り方や手渡し方というキャッチボールの腕を磨いていきたいものです。

24 報・連・相が足りない？

報・連・相の研修は必要？

報告・連絡・相談の3つを報・連・相（ほうれんそう）と呼びます。保育所の仕事を円滑に行うために、また、子どもたちの情報を共有するために、この報・連・相はとても大切です。

よく、報・連・相を定着させるために研修をしている保育所があると聞きますが、行うべきは「研修」ではなく、職場の意識改革なのではないでしょうか。

報・連・相が足りない

報・連・相の研修をしている保育所では、「保育者間での報・連・相が足りない」という事実があるのでしょう。そこで「報・連・相は大切だ」という研修を受けているのです。しかしこれは、保育者たちの意識と無意識の外側に刺激を与えているだけではないでしょうか。つまり、保育者自身が本当の必要性を感じていないということです。必要性を感じていないところに研修で刺激を与えたとしても、身につくことはありません。

園内環境の確認から

やみくもに報・連・相の研修を行う前に、まずは園内の環境を見直す

必要があります。園長や主任は、保育者が報・連・相しにくい環境をつくっていないでしょうか。例えば、園長がとても高圧的な態度で保育者に接していたり、すぐに怒ったりしていないでしょうか。保育者は、過去に怒られた経験をもっていて、何かを伝えることを怖がり、報・連・相ができなくなっているかもしれません。

　「仕事だから報・連・相が必要だ」「子どものために情報を共有しなくてはいけない」と頭でわかっていたとしても、動き出せない環境があるかもしれないのです。

┃保育者の〈ノイズ〉と向き合う

　このとき、保育者のなかに湧き上がっているものは〈ノイズ〉です。「報告したら怒られるだろうな」「報告する価値のない情報だろうな」という〈ノイズ〉で自らを正当化しているのかもしれません。こうした場合には、保育者に「あなたたちの仕事は価値ある仕事で、どんなことでも報告すべき価値のあるものだ」ということを伝えなくてはいけません。

　あるいは、「報告したら仕事が増えてしまう」「相談すると帰りが遅くなってしまう」という〈ノイズ〉も湧き上がっているかもしれません。この場合は、仕事を振り分けたり、相談の機会を改めて設けたりする必要があるでしょう。

　このように、報・連・相だけをみても、園内の環境を改善するヒントをたくさん見つけることができます。

〈気づき〉のステップ①　相手や状況に「気づく」

25 誰のための ドキュメンテーション？

ドキュメンテーションは重要

　最近、子どもの育ちや保育を記録するために、ドキュメンテーションを用いる園が増えてきています。ドキュメンテーションは、保育を「点」でとらえずに「プロセス」や「面」でとらえていく上でとても重要です。保育を振り返る際にも大きな役割を果たします。

ドキュメンテーションから生まれる悩み

　しかし、大切だからこそ、保育者が抱えてしまう悩みもあるようです。例えば、毎日ドキュメンテーションを作成するために「今日は、ドキュメンテーションを書くために何の写真を撮ろうか」という考えが浮かんでしまうのです。これでは、保育を記録するためのドキュメンテーションではなく、ドキュメンテーションのために写真を撮るという本末転倒な状態になってしまいます。

　また、毎日ドキュメンテーションを書くのが大きな負担になり、苦しくなって保育所を辞めてしま

う保育者もいるようです。これは、保育者にドキュメンテーションの必要性を伝えきれていないということでしょう。

育ちの記録としてのドキュメンテーション

近年は、教育の環境も変わってきています。小学校のICT化が進み、児童が1人1台のタブレット端末やパソコンを持てる時代になりました。このため、自分が感じたことを書き記したり、気になったものは自分で写真を撮ったりすることができるようになっています。自分の感情や育ちの履歴を自分で管理できる可能性がある時代になってきたのです。

そのように考えると、タブレット端末をもたない0歳から5歳の子どもたちは、保護者や保育所、幼稚園、認定こども園の保育者による記録が自分のルーツとして残る時代になっていくのでしょう。

記録者としての客観的な視点

ドキュメンテーションは、書けば書くほど、記録者にとって魅力が増していくものなのかもしれません。時折見かけるのは、美しすぎるドキュメンテーションです。これは相手を理解したつもりになって、自分の物語に子どもを当てはめて書いているのではないでしょうか。「本当に子どもはそう思っているのか」という冷静な視点をもち続けなくてはいけないのかもしれません。

これからの時代に必要になるのは、子どもたちの育ちを記録するという保育所や保育者としての責任を感じながら、ドキュメンテーションを作成することでしょう。この記録は「子どもの育ちの客観的な記録」なのか、それとも「保育者の想いを伝える主観的な記録」なのかを整理する必要があります。

26 子どもの言葉を 代弁する危険

子どもの言葉をアドボケイトする

　保育の現場では、子どもの言葉をアドボケイト（代弁）する場面が多くあります。例えば、0歳児の子どもとやりとりをしている場合は、おむつ替えのときに「きれいになって、スッキリしたね」などと、その子どもの気持ちを言葉にします。また、子どもが窓の外に鳥を見つけて指をさしているときに「鳥がいるね」などと言葉にします。

　このように、子どもが言いたいことを大人が代弁することは、子どもと気持ちを共有したり、子どもの語彙力を高めたりするためにも、とても大事なことです。

ドキュメンテーションの言葉

　あるとき友人から、私自身がドキュメンテーションをされる機会がありました。ある研修会に参加し、研修会が終わったあと、一緒に参加していた友人と話していたときのことです。

　「八朗先生は、あの場面でこんなことを言っていたよね。A先生の言葉を聞いて、あんなふうに感じていたのはとてもよかったよね」と言われたのです。確かに私は、研修会の場面で、A先生の言葉を聞いて思ったことがあり、発言しました。友人は何の悪気もなく、私の発言について感想を伝えてくれたようでした。

しかし、このようにドキュメンテーションをされることの居心地の悪さといったら、言いようのないほどでした。確かに研修会では、友人が言うような場面はあったのですが、とても浅い表面的な部分だけを見られていたからです。そのときの私は、もっとたくさんの別のことも考えていました。

私たちが保育で行っているドキュメンテーションも、子どもの立場からすると、実はとても居心地の悪いことをしているのかもしれないと思い、ハッとしました。

「自分は子どものことを知っている」と思う危険

子どもの姿や保育を記しておく方法として、ドキュメンテーションはとても有効なものです。毎日のように子どもたちと過ごして、その子どもたちの姿を記録していると、「きっと子どもたちはこう思っているに違いない」と疑いもなく思えてくるものなのかもしれません。

しかし本当にやるべきことは、私たちが「子どものことは私が知っている」と思わず、謙虚に、そして冷静な眼差しをもって子どもたちの姿を見て、「本当に子どもはそう思っているのか？」と常に自分自身に問い続けながら、ドキュメンテーションを書いていくことだと思います。

鳥がいるね

子どものニーズに焦点を当てる

保護者の悩みと保育者の奮闘

　ある年、ハンディキャップの傾向のある子どもが入園してきました。その子どもは、生まれてから食べたものが、ご飯と牛乳しかないというのです。保護者も家庭で工夫をして、さまざまなものを食べさせようとしましたが、まったく口に入れないということでした。

　保護者は、「家族と食事をしていても、この子はまったく食事に興味を示さなくて、ご飯と牛乳以外は食べないのです」と言って悩んでいました。

　入園してからその子どもは、少しずつですがご飯と牛乳以外のものも口にするようになっていきました。しかし1年後、年度が変わってクラス替えがあり、保育室の場所も担当保育者も変わってしまうと、何の要因かはわかりませんが、食事の時間になると嫌だと騒ぐようになりました。家庭でも、改善して食べられるものが増えてきていたのが逆戻りし、だんだんと食べなくなってきているとのことでした。

子どものニーズに焦点を当てる

　事態を重くみた保育者たちは、どのような保育計画を立てて実践するべきかを話し合ってくれました。

　このときの話し合いで興味深かったのは、保護者のニーズである「い

ろいろな食材を食べてほしい」「食
事に興味をもってほしい」という
ことに固執しなかったところです。
例えば、このニーズに対する解決
策を探ろうとすると、「どうやった
ら食べてもらえるか」という議論
ばかりをすることになります。

　しかし保育者たちは、「食べる
か食べないかの前に、食事をする場所に入りたくないと言っている。
子どものその想いをスモールステップで見てみよう」としたのです。
　「食べてほしい」という保護者や保育者のニーズをかなえるために、
子どもに焦点を当ててその周辺の課題に目を向けたことが、話し合い
としてとても意義のあるものとなりました。
　この話し合いから、事態は解決していきました。話し合いで導き出
した答えの1つは、「子どもにとって、食事にかかわる時間を心地よい
時間にする」ことでした。子どものニーズに焦点を当てたのです。

子どもが困っていることを理解する

　保育では、子どもの困った行動に対して、大人のニーズで見てしま
いがちです。しかし、大人の想いも大切ですが、まずは子どもが困っ
ていることに理解を示し、その困っていることを解決してあげること
が大事なのかもしれません。

28 子どもが 「園に行きたくない」 と言ったら

園に行きたくない子ども

　ある日、子どもを園に受け渡すと、ある保護者が保育者に相談があると話し出しました。「子どもが園に行きたくないと言っているのです」と言うのです。

　このような相談を受けた場合、みなさんはどのように対応しますか？　私は、保育者の対応は2つのタイプに分かれるのではないかと思っています。

自分の保育に自信があるか

　1つ目のタイプは、自分の保育に自信がある保育者です。このタイプは落ち着いて話を聞けるはずで、保護者の困っている気持ちに寄り添って話を聞けます。この場合は、問題が早めに解決されていくでしょう。

　2つ目のタイプは、自分の保育に自信がもてないでいる保育者です。このタイプは、「子どもが園に行きたくないと言っている」と聞くと、保護者や子どもから、自分の保育を否定されているのではないかという感情が湧き出してしまいます。この「否定されているかもしれない」という感情は、保育者の〈ノイズ〉です。そのため、「園に行きたくない」という問題を直視することができずに、「そのようなことは、2歳児だ

とよくあることですよね」と返答し、問題を単純にして報告しようとすることがあります。これは望ましい解決方法ではありません。

受け取った刺激に対してどのように心が動くか

この場合、「子どもが園に行きたくないと言っている」という言葉は、刺激です。相手から飛んできた刺激に対して、どのように心が動くのかを見ることで、保育者として何を大事にしているのかに〈気づき〉を得ることができます。相手に言われたことに対して、とっさにとった行動で、自分の心のあり方がわかるのです。

相手のニーズに寄り添う

物事に対応するときは、相手のニーズに寄り添うことが大切です。先に示した自分の保育に自信のない保育者のように、自分の不安な心を解決するためだけに行動をとってはいけません。

「子どもが園に行きたくないと言っている」と相談してきた保護者の言葉からは、家からなかなか出発できなくて困っている様子が思い浮かびます。この保護者や子どもの困っていることに寄り添うことが何よりも大切です。

保育者は、日々いろいろな相談事にも対応しなくてはいけません。その際により良く対応できるように、自分の〈ノイズ〉ともしっかりと向き合いたいものです。

子どもが、園に行きたくないと言っているのです

嫌だ！！

〈気づき〉のステップ① 相手や状況に「気づく」

29

キャラクターや
性格のせいにしない

対応の違いはノイズとの向き合い方の違い

　前の項目で、「子どもが園に行きたくないと言っている」と聞いた
保育者の対応の違いについて紹介しました。落ち着いて保護者の話を
聞いてあげられる保育者と、不安にかられて十分に保護者の話を聞い
てあげられない保育者の2つのパターンを紹介しました。

　この対応の違いは、〈ノイズ〉との向き合い方の違いでもあります。

子どもが、園に行きたくないと言っているのです

私の保育に不信感をもたれているのかも

ああ、また嫌な感情が湧き上がってきてしまったな

落ち着いて保護者の話を聞いてあげられる保育者は、「子どもが園に行きたくないと言っている」と聞いたときに「保護者が困っている」と理解することができます。そのため、「どんな状況で園に行くのを嫌がるのですか？」と踏み込んで話を聞いてあげることができます。

　不安にかられて保護者の話を十分に聞いてあげられない保育者は、「自分の保育に不信感をもたれているのかもしれない」と思ってしまいます。これは、保育者の中に勝手に湧き上がってきた〈ノイズ〉です。このような〈ノイズ〉が湧き上がってきたときには、いったん落ち着くことが大切です。

　ここで大切なのは「誰のために保護者と話をするのか」ということです。この保護者の場合は、「子どもが気持ちよく園に通えるようにする」ことが大きなニーズとなるでしょう。このニーズを満たすためには、登園したがらない理由をていねいに聞き出すことが大切で、決して保育者が「自分の保育が原因かもしない」と不安に思うことはありません。

キャラクターや性格のせいにしない

　保護者への対応の良し悪しを、保育者のキャラクターや性格のせいにしないことも大切です。保護者への対応が苦手だと感じていても、「私はそのような性格だから」と解決してはいけないのです。

　すべては、自分の中に湧き上がってくる〈ノイズ〉が原因です。例えば、今回の保護者に対応するときに、「自分の保育が原因かもしれない」と思ったとしても、「あぁ、また嫌な感情が湧き上がってきてしまった」と自覚することが大切です。そのように自覚できれば、意識して保護者への対応を改善することができるでしょう。自分のノイズに気づき、向き合うことができれば、「もう少しよい笑顔で話そう」などと対応を改善していくこともできるはずです。

〈気づき〉のステップ①　相手や状況に「気づく」

〈気づき〉のステップ②

「問い」を立てる

〈気づき〉を得るための2つ目のステップは、「問い」を立てること。どのように課題を見つけて「問い」を立てていくのか、考えていきましょう。

30 なぜ〈問い〉が必要？

〈問い〉とは何か

　〈気づき〉について考えるとき、CHAPTER 1やCHAPTER 2で紹介したように、〈ノイズ〉と向き合うなどの「自己覚知」がとても大切になりますが、次に大切なのは「〈問い〉を立てる」ことです。

　保育では、子どもたちの姿を見てアセスメントをすることが多くあります。アセスメントでは「子どもが必要としているものは何か」を考えますが、このときに私たちは何を見ているのでしょうか。

　例えば、子どもが保育室内を走り回っているとき、「走り回るのを止めなくてはいけない」とか、子どもが食事を食べないときに「食べさせなくてはいけない」という対症療法のような対応が正解とはいえません。まず、「なぜ走り回ってしまうのか」「なぜ食べないのか」を考えることが大切で、「走り回る」「食べない」という現象の原因になっていることまで見つめないといけません。

　この「現象の原因になっていることまで見つめる」ことが、〈問い〉といえるでしょう。

現象は、関係性のなかで起こっている

　子どもの姿や子どもが起こしている現象を眺めるとき、私たちは観察者自身と子どもとの違いを考えることが多いように思います。観察

する保育者が「自分と子どもの違いは何か」と考えてしまうのです。

しかし、子どもの自己決定や主体性というものは、関係性のなかで起こっています。自分の能力として起こっているのではなく、周りとの関係性のなかで起こっていることを意識して観察しないといけません。

なぜ走り回ってしまうのか？

例えば、けん玉もこま回しも竹馬も得意な子どもがいるとしましょう。この場合、けん玉もこま回しも竹馬もできる能力だと見てしまうと、「けん玉もコマ回しも竹馬もできる」ということになります。しかし、「けん玉に熱中している子ども」ととらえると「個人の主体性」に焦点を当てた見方になるのです。これは、けん玉というモノとの関係性のなかで起こっている現象です。

子どもの主体性を考えるための〈問い〉

このように、子どもの姿をヒト・モノ・コトとの関係性のなかで起こっている現象として見ることは、子どもの主体性を考えていくためにとても大切です。そして、考えていくときには、「なぜ」という〈問い〉が欠かせません。子どもの主体性を大切にした保育をしようとする私たち保育者は、子どもたちの姿を見ながら、「なぜ」と問い続けることがとても大切です。

〈気づき〉のステップ②　「問い」を立てる

31

わからないときほど問う

「わからない」という状態

　私は保育者から悩み相談をよく受けますが、相談の内容で意外と多いのが「なぜそうなるのか、わからない」ということです。

　自分の行動について説明ができないと悩む保育者は意外と多くいます。どなってしまう理由やイライラする理由など、悩みは人それぞれですが、「とにかくわからない」という状態で、どうしようもなくなっているのです。

さまざまな角度から「なぜ」と問う

　このようなときこそ〈問い〉が大切です。「なぜどなってしまうのか」という問いにすぐに答えられない場合は、さまざまな角度から〈問い〉を立てます。「いつどなってしまうのか」「何に対してどなってしまうのか」「誰に対してどなってしまうのか」など、細かく自分に「なぜ」と問います。イライラする場合も同じです。「なぜイライラしてしまうのか」ということがわからなければ、「いつイライラするのか」「何に対してイライラするのか」「どのようなことが起こるとイライラするのか」と、自分に〈問い〉を立て怒りを分解してみるのです。

　このように〈問い〉を立ててみると、保育以外の理由が気になってイライラしていたり、自信がなくてどなっていたりするなど、意外な

理由が見えてくるかもしれません。

アドバイスで傷つくこともある

「なぜどなってしまうのかわからない」「なぜイライラしてしまうのかわからない」と悩んでいる保育者は、「保育者として適性がないのではないか」と、自分を責めている場合が多くあります。また、周りの同僚から「そんなに子どもに怒らないように」「アンガーマネジメントを学んでみたら」と注意やアドバイスを受けている場合があります。これは「子どもに怒ってはいけないのに、怒っている」と周りから責められている状態なので、悩んでいる保育者自身は深く傷ついてしまうのです。

問題の根本への理解ができていないときのアドバイスは、知らないうちに本人を責めていることもあります。

悩みを聞く環境を作る

まずは悩みを聞く環境を用意することです。同僚や先輩などが「なぜ」と聞いてあげることで、一緒に問題解決の道を探ることができます。また、話を聞いてあげる場合は「なぜ、そう思うの？」「何があったのかを教えて？」などと聞いてあげることが大切です。悩んでいる人が、自分の想いを話しやすくなる環境を作りましょう。

なぜ
どなって
しまうのだろう

いつ
どなって
しまうのだろう

32

子どもの立場で問う

保育のなかの課題設定

　例えば2歳児クラスでは、イヤイヤ期の子どもたちとの間で保育が
うまくいかないことがあります。食べたくない、行きたくない、靴を
履きたくない、自分でやりたいなど、子どもの主張が強ければ強いほ
ど、保育者は悩むことが多くなっていきます。このようなイヤイヤ期
の子どもについて、どのように考えればよいのでしょうか。

　「外遊びの時間が終わっても、なかなか保育室に戻ってくれない」と
いう悩みがあったとします。この場合、おそらく多くの人は「どのよう
にしたら部屋に戻ってきてくれ
るだろうか」という〈問い〉を立
てるかもしれません。しかしこ
の課題設定では、対症療法のよ
うな保育しかできません。保育
者同士も「私の場合は、このよ
うにしているよ」「こうすると
戻ってきてくれるよ」「Aちゃん
はこんなタイプだからこうする
といいよ」というテクニカルな
助言になってしまうでしょう。

何に興味を
もっているのだろう
何の遊びが楽しくて
帰ってこないのだろう

このような助言の場合は、「やってみたけれど私はうまくいかない」と何度も失敗してしまうケースが多いのです。これでは根本的な解決にならず、保育のなかでの課題設定としては不十分といわざるを得ません。

子どもの立場で〈問い〉を立てる

　保育のなかでの課題設定は、「子どもの立場で〈問い〉を立てる」ことが大切です。例えば「外遊びの時間が終わっても、なかなか保育室に戻ってくれない」という悩みの場合は、「子どもは何に興味をもっているのだろう」「何の遊びが楽しくて帰ってこないのだろう」と、子どもの立場に立った視点で〈問い〉を立ててみます。すると、「水遊びをしていたから楽しかったのだ」「今日だけ特別な遊びをしたから、遊びをやめられなかったのかもしれない」と、子どもの立場に立った答えが見出されていくでしょう。

　このように〈問い〉に対する答えが見出されると「明日もこの遊びをしようね、と一言声をかけたらよかったのか」「明日も水遊びができるように保育を組み立てよう」と改善点が見つかります。子どもの立場に立った〈問い〉を立てることで、子どもに見通しや安心感を与えられる解決策が見つかるでしょう。

　保育の課題設定をするときは、表面的な課題を見つけるのではなく、子どもの立場に立った〈問い〉を立てて検証することが、課題を解決する道に一番早くたどりつくポイントです。

33 保育者に相談されたら①

「焦点化」によって問題を絞り込む

　園長の立場にいると、保育者からさまざまな相談をもちかけられます。私は相談にきた保育者の話を聞く際に、「焦点化」することを心がけています。焦点化とは「言いたいことは何なのだろう」と〈問い〉を立てて問題を絞り込んでいくことです。

　あるとき保育者が「今日、私はとても疲れてしまいました」と話しにきました。確かに、本人の様子からも疲れているのが見てとれます。私は、この保育者は私に相談したいのかもしれないと思いました。そこで「A先生が疲れたというなんて珍しいね、どうしたの？」と尋ねることで、保育者から本当に話したかった悩みの話を聞き出すことができました。

言いたいことは何か

　焦点化のポイントの1つ目は、「言いたいことは何か」を問うことです。ただ事実を伝えたいだけなのか、何かが起こって気持ちが動いた感情を伝えたいのか、いろいろあるなかから何を言いたいのかを聞くことが大切です。

　保育者からの相談の場合、「○○について相談したい」と言って相談にくることもありますが、とても少ないです。そもそも保育者本人は、

相談しようとして私に声をかけている場合ばかりではありません。「疲れました」「イライラしてしまいました」「かわいそうだと思って」「ムカついた」と、何かが起こって感じた気持ちをぶつけてくることも多くあります。

園長としては、保育者のこのような気持ちのゆれにしっかりと向き合う

ことが大切だと思っています。そのため「どうしたの？」「何があったのか聞かせて？」と話を聞いてあげるようにしています。

具体的な方法論や考え方を必要としているのか

2つ目は、「具体的な方法論や考え方を必要としているのか」を問うことです。私に相談にきた保育者は、なぜ私に話しかけたのでしょうか。ひょっとしたら、具体的に技術的な何かを教えてほしいと思っているのかもしれません。また、何かを評価されたくて話をしにきているのかもしれません。あるいは、何かを教えてほしいわけではなく、対話をすることで自分のなかで〈気づき〉を得たいと思っているのかもしれません。そのあたりを、〈問い〉によって明らかにしていくのです。

このように、相談にやってきた保育者と話し始めるには、段階的な焦点化が大切になってきます。

〈気づき〉のステップ②　「問い」を立てる

34 保育者に相談されたら②

感情を受け止める

　保育者から相談を受けたときにまず「焦点化」していくことは、前のページのとおりです。焦点化のポイントの1つ目は「言いたいことは何か」を絞り込むこと、2つ目は「具体的な方法論や考え方を必要としているのか」を絞り込むことでした。

　このように焦点化した上で、保育者からの相談を受けるときに大切にしていることは「感情を受け止めること」です。

　保育者はよく「怖かったです」「傷つきました」「ムカついた」と言ってきます。そのときは、「そのような思いなんだね」と本人の感情をいったん受け止めます。「そんなことがあったら、本当に怖かったよね」「ドキドキしちゃうよね」「それは腹が立ってあなたが傷ついたよね」と感情を受け止めるのです。

　このように、相手にコミットして初めて、「そうなのです」という返答が保育者から返ってきて、保育者に「わかってもらえた」と思ってもらえるでしょう。そうしてようやく、本題を相談しようという気持ちになってもらえるのです。

　保育者から相談をもちかけられたとき、あるいは、何か問題を抱えていそうな保育者を見かけたとき、私はこのように話を聞くようにしています。保育者の立場に立つことで、初めて保育者は安心して相談

することができます。

土俵を一致させる

次の段階で大切なのは「土俵を一致させること」です。話すときの立ち位置を保育者と一致させるのです。

例えば、「保護者と話していて、とても怖い思いをしました」と相談してくれた保育者がいたとしましょう。「そんなことがあったら、本当に

怖かったよね」と気持ちを受け止めた上で、ようやく「保護者は、どんな感じで話していたの?」「そのとき、子どもはどうしていたの?」と聞くことができます。このように土俵を一致させることで、保育者と私は、同じ立場から問題と向き合うことができるのです。

土俵が一致しないうちに、「仕事なのだから」「保育者なのだから」「専門職なのだから」という言葉で保育者にアプローチしても、伝えたいことは保育者にまったく届きません。表面的なやりとりになってしまい、問題の解決にも至らないでしょう。さらに、保育者が迷い、考え、保育者自身が自己決定するという、感情がゆらぐ力を奪ってしまうことにもなりかねません。

保育者から相談を受けたときは、「焦点化」して「感情を受け止めて」「土俵を一致させて」話すことが何よりも大切です。

35

聴き切る力

聴くことよりも「聴き切る」こと

　相談を受けるときは、特に傾聴や相手の話を聴くことの大切さがいわれますが、私は話を「聴き切る」ことが大切だと思っています。

　私自身も普段から気をつけなくてはいけないと反省する部分がありますが、何か他の仕事をしているときに話しかけられると、正直なところ「面倒だな」と感じることがあります。しかし、この「面倒だな」という〈ノイズ〉が湧き上がっていることを理解して、自覚した上で心を整えて聴くことが大切です。忙しいときほど、表面的な話を聴くのではなく、聴き切ることができるようになりたいと思っています。

「保護者が本当に伝えたかったこと」に一歩踏み込む

　3歳児クラス担当の保育者が、お迎えにきた保護者と話していたときのことです。保護者から「家に帰ってから夕飯までの間に、お腹が空いたというので、子どもにパンなどを食べさせると、夕飯を食べなくなってしまうのです」と相談を受けました。単純な受け答えであれば、「お母さん、パンやお菓子ではなくて、リンゴなどでもよいのではないですか」とアドバイスするところを、その保育者は「家族で一緒に食べたいですよね、ご飯を食べてもらいたいですよね」と答えました。これは、「保護者が何を伝えたいのか」を一歩踏み込んだところで

聴こうとした姿勢がよかったのだと思います。

　すると保護者は「夫が早く帰ってきて、子どもの面倒を見て遊んでくれていたら、私も夕飯を準備する余裕ができるのに」と、夫に対する不満を口にしました。そして「料理を作るために時間が必要なのに、子どもが遊んでほしいとまとわりつくので、とりあえずパンを子どもに与えてしまう」という悩みを口にしたのです。これは最初の「パンを食べると、夕飯を食べられなくなってしまう」という内容とは異なる観点での悩みでした。

　保育者は、「子どもが遊んでほしいとまとわりつく」という保護者の悩みに対して、日ごろの保育のなかでも見られた子どもの姿だったため「その様子は園でも見られるので、よくわかります」と答えました。このようにして、保護者からの悩みを聴くことができました。

　この保育者は、「保護者が本当に伝えたかったこと」に一歩踏み込んで聴いたことで、保護者の悩みを聴き切ることができました。単純な助言に終始せずに、焦点化を試みた保育者の成功例です。

〈気づき〉のステップ②　「問い」を立てる

36

空間を共有する

オープンダイアローグのような場

　私は、個人的な集まりで、TKB（ティーケイビー）というコミュニティを主催しています。TKBとは「焚き火」をローマ字表記にしたときの「Takibi」の子音の部分をとって名づけたものです。

　このTKBというコミュニティには、保育の関係者だけではなく、異業種の人などが多く集まってきています。その仲間たちと定期的に焚き火を行い、火を囲んで話しているのです。不思議なことに、火を囲んで話しているだけですが、〈気づき〉があります。オープンダイアローグのような場といってもよいかもしれません。

　オープンダイアローグとは、精神医療で用いられている手法です。上下関係はなく、誰もが同じ立場で発言し、耳を傾けます。可能な限り「開かれた質問（「はい、いいえ」以上の答えが求められる質問）」から対話を始め、すべてのメンバーがすべての発言に応答するのです。

　TKBでも、上下関係はなく同じ立場で話をしています。そして焚き火の炎を見ながら話をしていると、自分のなかで視点の組み替えが起こるような感覚があります。自分のなかの無意識の底にある深層というか古い層に積み重なっていたものが湧き上がってきて、昇華されていくような感覚があるのです。会議などでテーブルについて話をしているときとは、明らかに違う〈気づき〉を得ることができます。

空間を共有すること

　ここで大切だと思うのは、焚き火という「空間を共有すること」です。ゆらゆらとゆらめく炎を見つめること、パチパチと薪がはぜる音を聞くこと。このような特別な場を共有して対話をすることは、大きな〈気づき〉につながるのではないでしょうか。

　そのため、焚き火ではなくても、日常とは異なる特別な空間を共有して話をすることは、職場でも大切なことではないかと思っています。

　例えば私の園では、職員たちとの研修会を屋外で行います。保育に必要な学びの場でもありますが、野草がたくさん生えている山あいのカフェに行き、野草に詳しい講師の話を聞きながらカフェの周りの野草を観察して摘み取り、野草を食べるというような研修会も行っています。また、職員同士のバーベキューも行います。このように、日常とは違う対話や学び合いの場を作ることは、新たな〈気づき〉を得るためには必要な環境ではないかと思っています。

37

対話の場を作る

対話が重視されている

　近年、保育の世界では対話の重要性が指摘されています。これは世界的な潮流で、保育の世界だけではなく、経済界などでも対話的な組織運営が重要視されています。また、幼稚園教育要領や幼保連携型認定こども園教育・保育要領では、「主体的・対話的で深い学び」が重視されるようになりました。そのため、保育のなかでも、対話によるチーム作りや子ども同士の対話が重視されるようになってきました。

対話とは何か

　対話とは何かを考えると、「異質な人同士が、価値を批判されることなく話し合うこと」ということができます。これは、議論や討論などとは違います。議論や討論などは、まず結論ありきです。「急いで結論を出さなくてはいけない」「相手に自分の意見をわからせようとする」「自分の考えを伝えようとする」「相手を変える」ことなどを目的としています。

　しかし対話は、急いで結論を出す必要はありません。結論にたどりつくことではなく、対話をすること自体を目的としているからです。

　また対話は、結論を出す必要はありませんが、〈気づき〉が促進されます。対話を繰り返すことで、自分のなかに考えが湧き上がってきて、

自分の答えが見つかるのです。

　相手の何かを受け入れることで、知らなかったものを受け入れ、新たに進化するというだけであれば、座学の研修や討論のなかでも生まれる変化かもしれません。しかし、対話は相手と話しながらも、同時に自分のなかに起こっている変化なのです。

▌楽しい、おいしい、かわいいこと

　対話の場をつくることの大切さは、すでによく知られています。しかし、普段はほとんど言葉を交わしていないのに、いきなり「対話をしましょう」と話し出しても、うまくいくはずがありません。

　そこで私は、日ごろから些細なことでも話し合うことが必要なのではないかと思っています。そのために、保育者との話題を作るときに心がけていることがあります。それは「楽しいこと」「おいしいこと」「かわいいこと」を話題にすることです。「昨日、バーベキューをしたら楽しかった」「焚き火をして楽しかった」「家で飼っている猫がかわいくて」と話し

てみるのです。こういったテーマで話してみると、保育者から思わぬ話が聞けることがあり、話が盛り上がります。

　対話は〈気づき〉をもたらしますが、日ごろから小さな話し合いを積み重ねることがとても大切なのではないかと思います。

38

土俵を一致させる

環境を整えるということ

　私は対話の場をつくるときに、「土俵を一致させる」ことを心がけています。土俵を一致させるとは、〈話し手〉も〈聞き手〉も同じ立場で考えられるようにすることです。

　これは、生物学者で哲学者のユクスキュルが提唱した「環世界」という考え方に共感したからです。環世界とは、すべての生物は自分自身がもつ知覚によってのみ世界を理解しているので、すべての生物にとって世界は客観的な環境ではなく、生物各々が主体的に構築する独自の世界であるという考え方です。

　これは、すべての生物が客観的な同一の環境を認識しているのではなく、独自に感じ取った環境がその生物にとっての世界だということです。簡単に説明すると、「みんな一緒の空間にいても、実はそれぞれにバラバラなものを見ているということ」と私は理解しました。それぞれにバラバラな世界を見ているのであれば、その世界を一致させることが対話をするときにはとても大切だろうと考えています。そのために環境を整えることが大切で、「土俵を一致させる」のです。

保育の土俵を一致させる

　私の園では、保育でも土俵を一致させることを行っています。例え

ば、「今月は○○月間です」と宣言するのです。「今月はアート月間です」とすべての保育者にアナウンスをして、保育を組み立ててもらいます。すると保育者は、子どもたちが絵を描きたくなる環境や、ものづくりをしたくなる環境をつくります。

　このように、子どもたちが自分でやりたいこと以外に、場の空気で生成された保育も必要だと思っています。これは、子どもたちの日常的な遊びをより充実させる新たな観点を提供しているのです。

同じものを見て話し合う場を一致させる

　私は保育者と話をするときも、土俵を一致させることを意識しています。もともとバラバラなものを見て世界を認識しているのですから、同じものを見て話し合う場を一致させることが大切です。そのために、保育に関する相談をもちかけられたときは、話を聞いた上で、現場である保育室に場所を移して、室内を見ながら話をするようにしています。また、保育者とバーベキューをすることもあります。これは、一緒に楽しみながらも、子どもの話や保育の話をしやすくする工夫でもあります。

　このようにして話し合いの場や風土をつくりながら、話し合いの質を向上させたいという思いがあります。

〈気づき〉のステップ②　「問い」を立てる

39 「色づけされた事実」に 惑わされない

焦点化とは

　対話をするときに「焦点化」を大切にしているという話は、「33.保育者に相談されたら①」で示したとおりです。ここで改めて、焦点化についてお話ししようと思います。

　焦点化とは、「言いたいことは何なのだろう」と〈問い〉を立てて問題を絞り込んでいくことです。つまり「相手の話を絞り込んでいく」ことです。これは誰もがやっていることですが、話の絞り込み方や自らの〈ノイズ〉と向き合うことで、焦点化の質が大きく変わります。

報告を受けるときの注意点

　ある事実を目の前にして人に伝えるときには、多くの場合「色づけされた事実」になっているものです。これは、報告を受けるときに注意すべき点です。

　例えば、1つ目の事実として、ある母親のお迎えが18時にくると言っていたのに18時45分になりました。保育者はいろいろな理由を考えます。電車が遅れたのではないか、仕事が急に延びたのではないか、と考えるのです。

　さらに2つ目の事実として、その母親が大きな買い物袋のようなものを持ってきたとします。すると保育者は、「子どもを迎えにくるよ

090

り先に、買い物をしてきた
のだ」という理解をするかも
しれません。

　この2つの事実を同僚の保
育者に伝えるときに、「あの
お母さんは、自分のことを優
先して考える人だ」「子ど
ものさびしさを感じられない人
だ」と伝えてしまうかもしれ
ないのです。これは、保育者
が目にした事実に、保育者自
身の感情や所感を付け加えたもので、「色づけされた事実」ということ
ができます。

「色づけされた事実」とレッテル

　このように、「色づけされた事実」を人に伝えてしまうことはよく
あります。自分がその事実に対して受けた感情を色づけして人に伝え
てしまうのです。

　例えば先ほどの、お迎えが遅くなった母親については「あのお母さ
ん、子どものことをあまり見ないし、考えていない」と語ってしまう
かもしれません。もし次に、同じ母親に保育者が何かを伝えたときに、
反応が悪かったりすると、負のサイクルが回り出し、その母親に対す
るレッテルが貼られてしまうのです。

　人の話を聞くときは、単純に報告を受けるときでも、本当にそれが
事実なのかどうかを注意深く見る必要があります。保育者としては、
「お母さん、まだかな」という子どもの気持ちに寄り添うことが大切
で、母親を批判することがメインの仕事ではありません。

40 相談者は傷ついている

傷ついた人がやってくる

　私は、保育者から相談されることがよくあります。また、相談にきた保育者に対して、どのように話を聞けばよいのか教えてほしいといわれることもあります。

　世の中にはさまざまな傾聴のテクニックがあるようですが、私は「相談にきた人がどのような気持ちできているのか」を考えて対応しています。相談にくる人は、何かに困っているからこそ相談にやってきます。その人たちは、どこかに傷ついた心を抱えて相談にきているような気がするのです。

気持ちを受け止める

　相談にくる人は、自分が何に困っているのかわかっていない場合もあります。そのようなときには、話す内容も明確にはなっていません。「私はがんばっているのに」「私はこれだけ配慮しているのに、うまくいかない」という想いを聞いてもらいたいだけかもしれないのです。

また、相談にくる人たちは、苦しみや悲しみや怒りなどを抱えていても、自分では気づかずにいる可能性もあるので、ていねいに気持ちを受け止めることが大切です。

焦点化して具体的に聞く

話を聞くときには、事実が浮かび上がるように聞くことが大切です。そのためには、相談にきた人がものごとや現象をどのように見ているのか、こちらに伝わってくるように質問します。

例えば、「昨日このようなことがあって」と話し始めたとしましょう。それに対して「どこで起こったの?」「それはどのくらいの時間だったの?」と、相談にきた人と事実を共有できるように〈問い〉を立てて質問します。そして、「相手が何を話したいと思っているのか」を焦点化していくのです。

相手の感情に寄り添う

相手が悩んでいることを言葉にして、ねぎらうことも大切です。例えば、「子どもたちがいっぱいいる時間だったら、周りにも気を配らなくてはいけないから大変だったね」「問題に対応するのに、勤務時間外までかかってしまって大変だったね」「そんな環境でも、こんなふうに配慮してくれたんだね」と伝えるのです。

相談にきた人は、客観的なことよりも、自分の想いを共有することに大きな意味を見出している場合が多いです。このように相手の感情に寄り添うことで、相手をケアすることになります。そうして、相手と同じ立場で話をする環境が整っていきます。

41

相談者に葛藤を与える

感情を受け止めるだけでいい？

　相談にきた人とのやりとりは、感情を受け止め、感情に寄り添うことだと前の項目で紹介しました。これは、対話の場をつくるときにとても大切です。受け止めてもらえた場合、相談にきた人は「わかってもらえた」と気分が晴れることもあるでしょう。しかし、相談を受ける際には、ただ相手の感情を受け止めるだけでよいわけではありません。

あえて葛藤を与える

　相談にきた人が保育者として成長しようとしているときなどは、「あえて葛藤を与える」という対応をすることがあります。

　例えば、保護者とのやりとりに悩んで相談にきた保育者に「でも、そこは先生がお母さんと話さないといけないね」と伝え

でも、そこは先生が
お母さんと
話さないと
いけないね

るのです。また、子どもとのやりとりに悩んでいる保育者に「子どもと向き合わないといけないね」と伝えることもあります。相手にとって少しハードルが高いかもしれないと思っても、保育者の成長をうな

がすために、あえて葛藤を与えるのです。

はっきりと伝えることが大切

　相談にきた人の話を聞いて、本人が間違っている場合はどのようにしたらよいでしょうか。私は、正しくないことは正しくないとはっきり伝えなくてはいけないと思っています。これは相談を受ける側としても大変ですが、伝えるべきことは伝えるべきです。

　園長と保育者のやりとりだけではなく、先輩保育者と後輩保育者のやりとりでも、後輩保育者の行動に先輩保育者から何か注意などを言わなくてはいけないという場面もあるかもしれません。伝えるときには、「今は受け止めるのが大切な場面なのか、葛藤を与えることで自己成長する場面なのか」を見極めることが大切です。

ていねいなやりとりをした上で葛藤を与える

　この「あえて葛藤を与える」ことも、ていねいにやりとりをした上で行わなくてはいけません。ただ勢いで伝えてしまってはいけないのです。また、「葛藤を加えることで自己成長する場面」というのは、新人保育者にもベテラン保育者にもあります。

　日ごろ、なんでもそつなくこなすように見えるベテラン保育者であっても、話を聞いてもらいたい場合もあるでしょう。そうした様子を見逃さずに、ていねいに対応したいものです。相手が誰であっても、悩みを聴き切って、伝えるべきことは伝え、必要に応じて葛藤を与える。このように、適切に対応することが大切だと思います。

〈気づき〉のステップ②　「問い」を立てる

42

共感は問題の先送り？

共感されても解決していない

ケース会議などで、子どもの特定のケースを見立てるときに、保育者同士で難しい問題に向き合うことがあります。担当の保育者に対して「大変だね」とねぎらいながらも、解決策が見当たらずに「このケースは、ちょっと様子を見ましょう」と話し合いを終えることも少なくありません。

この場合、問題に直面している保育者は、「大変だね」とねぎらわれても、問題は解決していません。つまり、共感はしてもらえるけれども、問題は先送りされているだけなのです。では、どのようにすると問題は解決に近づくのでしょうか？

問題を棚上げせずに考え続ける

大切なのは、「問題は棚上げしたのではなく、解決に向けて考え続け

ている」という視点をもつことです。「様子を見よう」と話し合いを終えるにしても、「どのような視点で様子を見るのか」「いつまで様子を見るのか」などの視点を提示することが大切です。いつまで、どのように様子を見るとよいのかがわかれば、担当の保育者にとっても負担が軽くなるはずです。

　このようにいくつかの視点を提示することで、「問題に対して向き合い続けながら解決策を見出そう」という姿勢が生まれます。

わからないことに向き合うにはエネルギーが必要

　問題を抱え続けることや悩み続けるには、疲弊してしまうほどエネルギーが必要です。わからないことに向き合うには、エネルギーが必要なのです。そのため、難しい課題に対して「様子を見よう」という結論を出す場合も、保育者たちはエネルギーを使い続けていることを考慮しなくてはいけません。「様子を見よう」という場合も、視点や方法、期間を示して、具体的にその方法を提示する必要があるのです。

〈気づき〉を得るための時間とエネルギー

　特に、気になる子についての話し合いや、保育がうまくいっていないクラスについて話し合いをするときなどは、話し合いをするためだけにも、保育者は大変なエネルギーを要します。また、難しいケースの場合は「誰かが責められるのではないか」といった心配を抱えて話し合いに参加している保育者もたくさんいることでしょう。

　より良い〈気づき〉を得るためには、時間がかり、一人ひとりのエネルギーも必要と理解しながら、話し合いを進める必要があります。

43 ニーズとウォンツ

ニーズとウォンツの違い

　近年、保育では「子ども主体の保育」「子ども中心の保育」を大切にするようになりました。私の園で職員研修をしていたときのことをお話ししたいと思います。子ども主体の保育について全員で考えていたときに、保育者たちから同じような質問が出たのです。

　私の園には倫理綱領があります。そのなかの一節に「子どものニーズをくみ取り、受け止め、代弁できるように努めます」というものがあります。この一節に対して、保育者から「子どもからの要求を全部受け止めてよいのか迷う場面がある」という発言が相次ぎました。同じように、複数の保育者が悩んでいるということでした。

　この質問が出た時点で、私は「ニーズとウォンツを間違えている」と気づきました。「ニーズ（needs）」とは、必要性のことです。欠乏を感じている状態で、思い描いている理想と現状にギャップがある状態をいいます。

　「ウォンツ（wants）」とは、欲求のことです。具体化されているニーズともいえます。理想と現状とのギャップを埋めるために対象物を求める気持ちのことです。

　ニーズは状況によって変わるものでもあります。例えば、日常では宝石がほしいと思っていても、砂漠で遭難したときには、宝石よりも

水がほしくなるでしょう。

　また、ウォンツは、マズローの欲求5段階説とも近い考えだと感じています。人間の欲求には「生理的欲求」「安全欲求」「社会的欲求」「承認欲求」「自己実現の欲求」があるとされている説です。

　この「ニーズ」と「ウォンツ」の違いを知った上で、保育をするべきだと話し合いました。

ニーズとウォンツの違いに気づく大切さ

　日々忙しく保育をしていると、子どものニーズとウォンツの区別がつかなくなるということが、職員からの指摘でわかりました。これは保育の難しさでもあるのだろうと思います。

　子どもの要求をただそのまま叶えてあげようとすることや、子ども本人の「やりたい」という声だけを拾って保育をしようとすると、ウォンツの実現ばかりになってしまいます。このウォンツの実現だけが保育者の仕事というわけではありません。また、子どもが「○○をやりたい」と言っているのを、すべてやらせてあげればよいというわけではありません。

　子どものニーズを見て、自分なりの解決策のなかで、目に見えている子どもの姿に対して支援していくことが大切です。

44 子どもと大人の ニーズとウォンツ

子どものニーズとウォンツ

子どものニーズとウォンツの違いについては、保育者同士の話し合いでもよく出てきます。例えば、「子どもから抱っこをしてほしいと言われたら、抱っこをしてあげてもよいのか、よくないのか」ということです。これは、保育の永遠のテーマになっているのではないでしょうか。このような場合、子どもをただ受け入れればよいかというと、もちろんそうではありません。

仮に、子どもから「抱っこして」と言われて抱っこしてあげたとしても、保育者が「どうやって子どもを下におろそうか」と考えていたり、周りの子どもや保育者の視線が気になったり、一人を抱っこしていると他の保育者の忙しさが気になりだしたりするのです。形としては抱っこをしているものの、まったく子どもに寄り添えていない心の状況になっています。

子どもが寝てくれないときや食べてくれないとき、ぐずっていつまでも泣き止まないときなども、同じような気持ちが湧き上がってくることがあるでしょう。このようなときは、子どもの要求がニーズなのかウォンツなのかを整理する癖をつけておくとよいでしょう。

大人のニーズとウォンツ

　ニーズとウォンツは、すぐに区別できるようになるわけではありません。区別が難しい場合は、自分の行動がニーズなのかウォンツなのかを探ってみてもよいでしょう。

　私はときどき保育者に、「ボーナスが入ったら何をしたいの？」と聞くことがあります。すると、「洋服を買いたい」「車を買いたい」「旅行に出かけたい」という答えが返ってきます。これだけを聞いても、ニーズかウォンツかはわかりません。そこで何回か「なぜ」と〈問い〉を立てて聞いていくのです。「なぜ洋服を買いたいの？」と聞くと、「いつもと気分を変えたい」と答えが返ってきます。もう1回「なぜ気分を変えたいの？」と聞くと、また答えが返ってきます。これを何回か繰り返すと、最終的には「異性にモテたい」などという理由が出てきますが、これがニーズの場合があるのです。

　ニーズとウォンツの区別がつきにくい場合は、自分の行動に何回か「なぜ」と問うことをやってみましょう。

〈気づき〉のステップ②　「問い」を立てる

45 「子どもの声」「子どもの姿」の矛盾

「想う」と「乞う」

　ニーズとウォンツの違いを話すときに、「想う」と「乞う」という言葉を使って説明することがあります。ニーズが「想う」でウォンツが「乞う」です。

　私たちは、「想う」で行動しているように見えます。自分で想って自己決定していて、自分の意思ですべてを決めているように思えます。しかし、私たちの行動の根底には何かが欠落していて、その欠落を埋めるために「乞う」をしてしまうのです。

　その「欠落しているもの」や「欠落を埋めたいという願い」は、自分のウォンツである「乞う」という行動の源泉やエネルギーになっている可能性があります。そのため、「乞う」という行動を突き詰めていくと、最終的なニーズである「想う」が隠れている場合が多くあるのです。

「子どもの声」「子どもの姿」の矛盾

　保育現場では、「子どもの声を拾って」「子どもの姿ベースで」保育をしていこうといわれています。しかし、これはかなり矛盾をはらんでいるように思います。「子どもの声を拾うこと」が目的になってしまうと、ただ「本当にその子どもが言っているのだから」ということになってしまうのです。

例えば、子どもが「保育園に行きたくない」と言ったとします。そのときに、「行きたくないのね、それでは休みましょう」と受け入れるのがよいかどうかという議論は、とても浅い議論になります。「行きたくない」という要求を受け入れたからといって、問題が解決したわけではありません。「翌日にはどうしよう」という問題が残り、問題を先送りしてしまう可能性もあるのです。

別の例をあげれば、「食べたくない」と言っている「子どもの姿」をどのようにとらえるのかということも、同じような問題が起こってきます。「食べなくてもよい」とすると、その場しのぎになってしまい、問題は解決されずに先送りされてしまうのです。

「保育園に行きたくない」という場合は、「行かなくてもいいよ」「保育園に行くだけが人生じゃない」など、目的や課題の視点を変化させることも解決の一つかもしれません。しかし、いずれにしても、問題の根本的な解決にはつながりません。

「子どもの声」や「子どもの姿」を大切にしたいからこそ、その矛盾を知った上で、しっかりとニーズとウォンツを見極めていく目をもつことが大切だと思います。

46

現象を見ている私たち

▍子どもを現象でとらえている？

　子どもと接するとき、私たちはどうしても現象で見てしまうのではないでしょうか。

　例えば、「走り回る」「食べない」「棚に登る」など負の行為といわれているものは、すべて子どもの姿ではありますが、現象です。現象とは、国語辞典を調べると「感覚の働きによって知ることのできる、一切の出来事」とあります。私たちが目にしている子どもたちの姿もまた、現象なのです。

　おそらく、「気になる子」と呼ばれる子どもたちの様子も、現象ととらえることができるでしょう。そのために、「現象をどのように抑えるのか」という議論になりがちです。

▍現象を抑えたいのは保育者

　このように、現象を抑えたいと思っているのは私たち保育者であって、子どもではありません。「子どもの姿」をとらえて話そうとするとき、「保育者は現象を見ている」ということと「現象を抑えようとしているのは保育者」だということを自覚する必要があります。

　子どもがその「現象」を起こしているのには、意味があるのです。私たちは「子どもは困らせているのではなく、困っている」という考え

方や視点をもっていたほうがよいと思います。

保育者の躊躇

　保育者は、子どもに自分の感情を押し付けてはいけないとわかっているけれど、「子どもに抱っこをせがまれても、抱っこしてはいけないのか」と判断を迷う場面がよくあります。考えすぎてしまい、躊躇して体が動かなくなってしまうのです。このようなときは、保育者自身が、自分のなかにどのような感情が起こったのかを見ながら振り返る地道な作業しか解決の道はありません。

保育観が見えるとき

　あるとき、AくんとBくんが喧嘩をして、AくんがBくんを叩いたとします。この状況に介入する保育者には、2つのアプローチが考えられます。1つ目は、叩いてしまったAくんに「なぜ、そういうことをするの？」と声をかける保育者です。2つ目は、「痛くなかった？　大丈夫？　先生がついているからね」と、叩かれたBくんに声をかける保育者です。

　このような選択肢について、保育者は本能的にどちらかを選択しています。保育で大切にしているものや保育観が見えるひとこまですが、こういった介入もまた現象なのだととらえることができます。私たちが見ているのは現象だと自覚した上で、保育を論じる必要があるのではないでしょうか。

47 現象からアプローチしない

子ども同士のトラブル

　保育をしていると、どうしても子ども同士のトラブルが起こってしまいます。そのようなとき、どのように対応するとよいのでしょうか。

　例えば 1 歳児のクラスで、噛みつきが起きたとしましょう。それも複数の子どもが噛みつきをしていて、クラスのなかで噛みつきが流行してしまったのです。

　保育者は、クラスで噛みつきが流行している状況について話し合うことにしました。その話し合いでは「AちゃんがBちゃんを噛みついた」「最近、Cちゃんは落ち着きがないね」と、子どもの様子を話し合いました。

現象からアプローチしない

　しかし、この話し合いには問題がありました。それは、子どもの様子を目に見えている「現象」だけで話していたことです。「噛みついた」「落ち着きがない」と現象を羅列したにすぎませんでした。このような話し合いでは、保育の課題設定をしても、「噛みつきをなくす」という目標になってしまいます。

　保育実践も、噛みつきをする子どもが誰かに近づこうとすると、理由もわからずに保育者が体で止めたり、子どもたち同士を引き離そ

としたりするかもしれません。そして振り返りでは、「このようにした
ら、上手に引き離せました」と報告されてしまうのです。

　これでは根本的な解決にはならず、保育実践としてもあまりおすす
めできない内容になってしまいます。しかし、このようなことは、わ
りとどの園でも行われているのではないでしょうか。これは、保育者
が子どもの「現象」だけを見てしまったために起こることなのです。

なぜ起こったのかと〈問い〉を立てる

　この噛みつきが起きてしまったクラスの場合、本当にやるべきこと
は「なぜ子どもは噛みつきをしてしまうのだろう」という理由を突き
詰めて考えることです。

　「いつごろから噛みつきを始めたのか」「どのようなときに噛みつく
のか」「誰に対して噛みつくのか」と、さまざまな角度から〈問い〉を
立てていきます。このように考えることで、子ども同士の関係性が問
題なのか、保育室内の構造の問題なのか、家庭環境に変化があったの
かなどの理由が見えてくるでしょう。また、保育者自身の課題、クラ
スのなかの課題、園のなかの課
題などが見えてくるはずです。
このように、現象に対して〈問
い〉を立て、突き詰めて考える
ことが大切です。

〈気づき〉のステップ②　「問い」を立てる

48

よい子の裏に何がある？

何でも言うことを聞いてくれる子ども

　5歳児のクラスに、何でも言うことを聞いてくれるAちゃんがいました。保育室で遊んでいても、そばに保育者が近づくと遊びの手を止めて、「何か手伝うことはある？」「何かやることはある？」と聞いてくれるのです。何でも積極的にやってくれようとする「よい子」でした。

その場に「いる」ために「する」つらさ

　このAちゃんは、困った行動もなく、本当によい子どもでした。しかし私には、Aちゃんは何か問題を抱えているのではないかと思えてしまいました。その場に「いる」ために、何かを「する」ことを選択しなくてはいけなかったのだろうと思います。そこにただ「いる」ということができないつらさを、Aちゃんは抱えていたのです。大人に評価されるために、ついつい何かを「する」ことを選んでしまう、というつらさです。

　本人はつらいとは思ってい

ないかもしれませんが、「よい子」という姿の裏にあるものが見え隠れしました。つまり、普通に「いる」ことや普通に「受け止められる」ことが脅かされているのではないかと思ったのです。

「よい子」でいようとする苦しさ

　いわゆる「よい子」を現象だけで見ている場合は、保育者を手伝ってくれようとする姿だけを見て、「Aちゃんは、すごくよい子だよね」という評価で終わってしまいます。このような場合は、子どもが抱えるつらさや苦しさは見えてきません。そのままで普通に存在することに対して、「よい子」として動かざるを得ない子どもの苦しさというものがあるのです。

　「よい子」でいようと体が勝手に動いてしまうというのは、保育者は発見しにくいものですが、注意深く観察すると見えてくるでしょう。

子どもの問題行動以外も見る

　保育者はつい、問題を抱えた子どもたちや、子どもの負の行動ばかりを見てしまいがちです。周りに対する悪影響なども考えると、これらを見逃すわけにはいきません。そのため、ケース会議などもそうした子どもの問題行動を取り上げることがほとんどです。問題を解決しようとして、問題ばかりを探しています。

　しかし、このような問題ばかりでなく保育者としてすべての子どもに寄り添うのであれば、Aちゃんのように、保育者にとっても周りの子どもたちにとってもまったく問題のない子どもについても、行動の意味を注意深く見ることが大切だと思います。

49

心に残った後味の悪さ

「ちょっと違うんだよな」

　本書を書いている2021年時点では、2020年から始まった新型コロナウイルス感染症の流行が続いています。日常生活では、人と会うことや外出することが制限されて自粛することが求められ、保育現場も感染拡大を防止するためにさまざまな取り組みを行うことになりました。

　そんななか、土日に祝日を加えた３連休がありました。翌日から連休という金曜日の夜に、A先生がタイムカードを押しに事務室にきました。近くにいたB先生が何気なく「明日からの３日間は何をするの？」と、タイムカードを押しているA先生に聞きました。「ずっと家にいます」とA先生は答えました。

　新型コロナウィルス感染症が各地で拡大していて、自治体からも不要不急の外出は控えるようにといわれていたので、このA先生の答えは感染症拡大防止の観点から推奨される行動でした。そのA先生に対して、「A先生はまじめだね」とB先生が答えたのです。すると、「まじめだね」と言わ

れたA先生は、何も言わず、「ちょっと違うんだよな」というような表情をしていました。心に残った後味の悪さを感じているような表情でした。

後味の悪さを言葉にする

　気になった私は、帰ろうとするA先生を呼び止めて「何か違和感があったんでしょう？」と聞きました。するとA先生は「ちょっと時間をもらっていいですか？」と言って話しはじめました。自分は周りの人たちからよくまじめだといわれること、そして、まじめだといわれることに対するプレッシャーを感じていること、まじめという評価はおもしろみのない人間だと言われているような気がしていることなどを話してくれました。

　私は「あぁ、それで引っかかったんだね」と答えました。「でも、コロナ禍のなかで生活を自粛している人間が、おもしろくない人間だと思っているの？」と聞くと、「あぁ、確かに全然違いますね。私が勝手に思い込んでいただけでした」と言って、A先生は笑って帰って行きました。

後味の悪さを自分を知るチャンスにする

　このように、心に残った後味の悪さは〈ノイズ〉の1つでもあります。その〈ノイズ〉に、自分らしさや自分がどう見られたいかという想い、自分と周りとのギャップを感じることができます。心に残った後味の悪さや〈ノイズ〉を感じることは、自分を知るチャンスかもしれません。

50

違和感はすぐ口に出す

違和感を共有する

　私の園では、「何か違和感があったら、すぐに言ってほしい」と保育者たちに伝えてあります。保育者たちも、些細なことでも気づいた違和感を伝えてくれています。違和感とは、何かいつもと違うと感じることであり、小さな疑問のことです。これで良いのか悪いのかわからず整理できないことを、違和感と呼んでいます。

　この違和感をすぐに伝えてほしい理由は、どんなに些細な変化でも、共有しておくことが大切だからです。子どもの姿について、保育者の様子について、保育環境についてなど、違和感を感じる対象は何でもかまいません。どのような小さなことでも、変化を感じとることが大切なのです。

ケース会議などで伝え合う

　保育のことについては、多面的なものの見方をしたほうがよいと思っています。そのためにも、日ごろから違和感を感じたら伝え合うことが大切です。ケース会議などで、一人の子どもに対して「私にはこのように見えました」とそれぞれの保育者が話し合い、保育者同士で「私はこのように思った」と話し合えることは、とてもよいことだと思っています。決められたものの見方などがないほうがよいのです。

クラスの様子を伝え合う

　例えば、朝のクラスの様子を伝え合うことも大切です。保育者同士で「なぜかよくわからないけれど、今日は落ち着きがなかったよね」「なんだか今朝は、騒がしかったね」とクラスの様子を伝え合うことも、違和感を伝えることになります。これを「月曜日の朝だし、週明けだからしょうがないのではないか」などと片づけてしまわずに、「何だか、ごちゃごちゃしていたよね」というように、「ごちゃごちゃしている」という言葉や感覚で会話ができることが大切です。

　A先生の感じる「ごちゃごちゃ」とB先生の感じる「ごちゃごちゃ」は違うかもしれないけれど、お互いに共有することが大切です。違和感を伝え合うときは、感じたままを言葉にするのがよいでしょう。

感覚的な解釈で語り合う

　本当にたわいない話でも、日ごろから話しておくことは、保育の質を上げるためにも大切です。保育のなかで使われる言葉は、あまりロジカルではありません。さらに感覚的な解釈で語り合うことが多いのですが、それでよいと思います。より良い保育のためには、もっと気楽に違和感を口にしてもよいのではないでしょうか。

〈気づき〉のステップ②　「問い」を立てる

51

問題や原因を外在化する

内在化してとらえてしまうことの危険性

　ケース会議では、生育歴やパーソナリティに原因があるという方向で検証していくことが一般的だと思います。例えば、「子どもが3歳のときに母親が離婚してしまって、そのため母親がイライラしていることが多くて、子どもに落ち着きがない」と見立ててしまうことや、「先生がやさしく受け止めてあげたらいいのではないか」と、相手との関係性やパーソナリティを自分のなかに取り込んで考えることが一般的です。これを私は「内在化」と呼んでいます。子どもの問題行動を、内在化の視点で考えているのです。

　私たちは、子どもに問題行動が起こると、その問題をなくすにはどのようにすればよいかと考えてしまいます。そのため例えば、「高いところに登ってしまう」「走り回ってしまう」「人を叩いてしまう」「噛みついてしまう」などの問題行動を、「不安定」「友だちと協調できない」と見立ててしまうことがあります。これは、内在化してとらえているのです。

　内在化してとらえると、自分と子どもとの関係性のなかで解決しようとする感情が動き出します。「私はこのようにやったのに」「このような想いでやっているのに」という、とらえにくいものを中心に議論することになるのです。これでは、〈気づき〉や問題解決から遠ざかってしまいます。

「○○現象」と外在化してとらえる

　子どもの問題行動が起こったとき、まずやるべきことは、問題の詳細な検証です。問題を現象としてとらえるために「外在化」を行うのです。そのために、問題を「○○現象」と名づけます。「Aくんの登ってしまう現象について考えてみよう」と声をかけて考えるのです。他にも「走り回り現象」「人を叩いてしまう現象」「噛みつき現象」として問題をとらえます。

　検証するときは、「Aくんの登ってしまう現象は、どのようなときに起こるのだろう」「Aくんの登ってしまう現象は、どのくらいの時間続くのだろう」と考えていきます。すると、「給食のときに登る」「登っているのは3分間くらい」「保育者が声をかけるとやめる」などの様子が見えてくるようになります。

　このように考えていくことで、問題行動がどのような性質をもったものなのかが明確になります。問題行動は、外在化することで、改善に向けた対策を立てやすくなるのです。

52

「○○現象」で
ものごとを見る

困っていることを言語化する

　問題行動が起こったときは、問題を「○○現象」として外在化して考えるとお話ししました。この「○○現象」について、もう少し紹介したいと思います。

　「○○現象」という言葉で表現することで、困っていることは何なのかを言語化することができます。言語化しないと、子どもの様子を「落ち着きがない」とか「言うことを聞かない」などと表現する

落ち着きがない子ども

ことになり、「落ち着きがない子どもを落ち着かせるためには、どのようにしたらよいのか」という漠然とした会話になってしまうのです。

　「落ち着きがない子ども」というのも、A先生とB先生では違う見方をしていることがあるので、問題を明確にする必要があります。

　そこで、「走り回る現象」「大声現象」という言い方をすると、「走り回って落ち着きがない」「大声を出して落ち着きがない」ことが問題だということを、お互いに認識することができます。このようになって

はじめて、「大声現象が起こってしまうときは、どんなとき？」という〈問い〉に対して考えることができるようになるのです。

問題を明確にする

　私たちが保育で見ているのは、表層的な現象です。どんなに「子どもの内面を見る」といっても、例えば保育者1名で3歳児20名の内面まで見ることはできません。

　日ごろ、子どもたちを見ていて一番気になるのは「現象」です。私の園ではよく、保育者たちが「○○現象」で話をしています。「今日、クラスが荒れていたので話をしたいです」などと話し出します。まず、どのような現象が起きていたのかを話すと、「大声現象」「走り回る現象」「積み木壊しちゃった現象」「高いところに登りたがる現象」「声をかけても集まってこない現象」と、さまざまな現象が出てきます。このたくさん出てきた現象を、それぞれ検証していきます。このように現象として見ることで、話さなくてはいけない問題やテーマがより明確になっていくのです。

複数の保育者で話すときに効果的

　「○○現象」で話す話し方は、クラスで起きている問題について、複数の保育者が話すときに効果を発揮します。複数担任の場合は、同じ現象を見ていても、A先生はCちゃんのことが気になっているけれど、B先生はDちゃんのことが気になっているという場合があるものです。そのような場合に、土俵を一致させて話すことができます。

〈気づき〉のステップ③

職員間で
「検討する」

〈気づき〉を得るための3つ目のステップは、職員間で「検討する」こと。どのように話し合い、「検討」していくのか、考えていきましょう。

53 話し合いを成功させる 3つの条件

　保育者同士の話し合いは、より良い保育を目指すために大切です。そのため、話し合いは実りの多いものとして成功させたいもの。ここでは、そのための3つの条件を紹介します。

悪口を言わない

　1つ目の条件は、「悪口を言わない」です。保育者同士で話し合うときは、安心と安全、見通しのある、話し合いのための風土づくりが大切です。安心して発言し合い、聴き合える風土をつくりたいものです。

　私の園では「園の敷地内では、子どもについても保育者についても、悪口はやめよう」と決めています。これは意外と大切な約束です。仮に悪口が言える環境は、一方で悪口を言われる環境でもあるのです。それは保育者にとって不安をもたらします。安心と安全、見通しのよい風土をつくるためには、悪口は必要ありません。どうしても改善したいことがある場合は、「○○現象」で話し合って改善しようと保育者に伝えています。

想いを伝え合う

　2つ目の条件は、「想いを伝え合う」です。話し合いの内容には、2つの傾向があると思っています。1つは「コトを伝える」、もう1つは「想いを伝える」です。

「このようなコトがあったのです」という場合は、LINEで伝えたりメモで伝えたりすることができます。しかし、保育者同士で話し合う場合、チームメイトとして信頼できるのは「想い」を共感できたときではないでしょうか。その想いは、「お互いにつらいよね」「やってられないよね」「泣きたくなるよね」という負の想いでもよいでしょう。「こんなことを見てうれしくなってしまった」「子どもがこんなことができたから、楽しくなった」という正の想いもあるはずです。どのようなことでも、お互いに想いを伝え合うことが何よりも大切です。

｜ 対話をする

　3つ目の条件は、「対話をする」です。討論や会議ではなく、対話をすることが大切だと思います。対話とは、特定の結論を出すために話し合うのではなく、話題があちらこちらに移動してもよいでしょう。お互いに発言を否定し合わず、安心して発言し合い、聴き合える環境をつくることが大切です。

　園では結論を出さなくてはいけない会議も多くありますが、そのような会議を成功させるためにも、まずは日ごろから対話をできる環境をつくることが大切だと思います。

想いを伝え合う

対話をする

悪口を言わない

54 話し合いを まとめる人の役割

会議、討論、対話？

　話し合いには「話し合いのまとめ役」が必要になります。ここでは、この話し合いのまとめ役について考えてみたいと思います。

　まず大切なのは、「その話し合いが会議なのか、討論なのか、対話なのか」を整理しておくことです。これは、話し合いをとりまとめる人が押さえておくべきポイントです。

　会議であれば、最終的に結論や方向性を出していくのが目的となります。討論であれば、お互いの意見の違いを明確にしていくことが目的となります。対話であれば、お互いの違いを知り自分を知るような話し合いをすることが目的となります。

　また、普通の会話というのもあるでしょう。お昼ご飯を食べるときや、みんなで〈気づき〉を促進するために、共通の事柄に対して、正解はなくてもお互いにたくさん会話をするのです。

目的によって変わる話し合いの手法

　会議や討論、対話、会話など、目的によって選ぶ手法は変わってきます。身につけたいものがあるとか、決めたいことがある場合は「会議」が適しているでしょう。自分のなかに眠っているものやアイデアを話し合いたい場合は「対話」が適しているでしょう。そのときに必

要な話し合いの場を設定するのです。

〈問い〉の大切さ

話し合いをとりまとめる人や、中心になって話し合いを進めていく人は、「結論を出さないこと」が大切です。これは、話し合いの参加者すべてが答えをもっているからです。そのため、中心になって話を進めていく人は、〈問い〉からはじめないといけないと思っています。

より良い話し合いが進むためには、より良い〈問い〉が必要です。例えば、「このようにやろうと思うのですが」と参加者からアイデアが出たら、「なぜそう思うの？」「それは、どこがよいと思ったの？」などと質問します。また、アイデアを出した本人に考えさせるために「そのアイデアはよいと思うけれど、心配なところはないの？」と尋ねてみてもよいでしょう。

「なぜ？」「どうして？」「心配ないの？」と〈問い〉を立てることが大切です。

話し合いの理想形

おそらく話し合いの理想形は、「対話がしやすく、対話が生まれる空間」というものでしょう。対話の延長線上で結論が出せることや、対話の延長で、対話に参加する全員が〈気づき〉にシンクロし合えることができれば、最高ではないかと思います。

〈気づき〉のステップ③　職員間で「検討する」

55

話し合いの
ルールを決める

話し合いの5つのルール

　話し合いの場は、誰もが簡単につくれるものではありません。また、新人保育者など話し合いに不慣れな人たちには、「話し合いの場でのルール」を決めてあげるのもよいかもしれません。

　新人保育者などは、話し合いの場に入るだけでもドキドキと緊張してしまうかもしれません。それでもよい発言ができるように、支援してあげたいものです。

1　一言は話す

　保育所は、保育者みんなで作り上げていくものです。そのため、話し合いの場では一言でもよいので話すことが大切です。その人らしい発言ができることが望ましいと思います。

2　質問する

　何だかおかしいなと思ったら、質問をすることが大切です。発言ができなくても、「もう一度、説明していただけますか？」と質問することはできるはず。どんなに小さな疑問でも、質問することが大切です。質問することで、話し合われている内容が自分のものになっていきます。

3 相手の意見を否定しない

　話し合いの場では、相手の意見を否定しないことが大切です。「おかしいな」「変だな」と思った場合でも、「そのような意見があるのか」とまずは受け入れましょう。相手の話を否定せずに聞くこと、そして、自分の意見をはっきりと伝えること。その繰り返しで、豊かな話し合いの場ができていくと思います。

4 やりたいときには、想いを添えて

　何かをやりたいという意欲があるのは、とてもよいことです。そのアイデアを伝えるときには、やりたいことだけを伝えるのではなく、「なぜ、やりたいと思ったのか」という自分の想いを添えて伝えることが大切です。その想いを理解してもらえたら、さらによいアイデアが提供されるかもしれません。

5 アドバイスは様子を見ながら

　話し合いの場では、内容によってはアドバイスをすることも大切です。しかし、相手の話を聞いてからアドバイスするのがよいでしょう。「具体的な方法を知りたい」「みなさんならどうするのかを知りたい」と言われたときには、アドバイスをしてあげるのがよいでしょう。

　以上の、5つのルールを決めることで、初めて話し合いに参加する人や、話し合いが苦手だと感じている人は、少しでも参加しやすくなり、より豊かな話し合いの時間を紡ぐことができるのではないかと思います。

〈気づき〉のステップ③　職員間で「検討する」

56

問題を整理するときの
ポイント

問題を整理する7つのポイント

　話し合いをするときに大切なのは、問題を整理していくことです。雑談から話し合いをはじめるときは、1つのケースのことについて話していても、複数の問題が出てきて、話し合いが煮詰まることがあります。その問題を整理する7つのポイントを紹介します。

1　問題を出し切る

　問題を出し切ります。これはブレインストーミングをしているような状況になるでしょう。見つかっている問題をすべて洗い出すのです。問題をすべて出し切ることで、問題を可視化しやすくなります。

2　共通項でまとめる

　問題を出し切ったら、共通項でまとめます。「似ている問題」をまとめてもよいでしょう。また、誰の問題なのかという「問題にかかわる人」でまとめてもよいでしょう。

3　誰のニーズかを考える

　問題が、「保育者の不安からきているもの」なのか「子どもの何かを達成させてあげたい」のか、「子どもがそれを解決したいという想いがある」のかという「誰のニーズなのか」という視点で考えます。また、問題を整理していく場合、「子どものニーズ」に焦点を当てて話して

いくことが大切です。

4 「なぜ」を明らかにする

解決したい問題に対して、「なぜ
解決したいのか」を話し合います。
この「なぜ」という〈問い〉を立てる
ことが大切です。話し合いをして
いる人たちの「なぜそれをやろうと
思ったのか」という気持ちの部分を
一致させます。

5 優先順位を決める

問題の優先順位を決めていきます。「何を一番に解決したいのか」を
決めます。大きな問題から小さな問題まで、たくさん出てくると思い
ますが、そのなかでも一番に解決したいものを探し当てます。

6 子どもの姿や子どものニーズを話し合う

問題を話していると「これを解決したいと思っているのは、子ども
ではなく私だ」「子どもの話と思っていたけれど、保護者の納得感を求
めたいという私たちの悩みだった」などと気づく場合があります。そ
のときには、保育者のニーズではなく「子どもの姿」や「子どものニー
ズ」で話し合いをすることを心がけます。

7 問題を外在化させる

絞り込まれた問題を、「〇〇現象」として見るようにします。これは、
「問題にかかわる人を責めないで、問題を外在化させる」という方法で
す。問題を客観的に見て解決策を考えることができます。

〈気づき〉のステップ③　職員間で「検討する」

57

対話には
なぜ〈気づき〉があるのか

観察と関与が同時に起こる

対話をしているときには、とても〈気づき〉が多いと感じます。なぜ対話で〈気づき〉が起こるのでしょうか。

それは、対話をしているとき、一人のなかで「観察」と「関与」が同時に起こっているからではないでしょうか。話を聞いているときには相手を「観察」したり、話を聞いている自分を「観

察」したりします。そして伝えるときには、相手に理解を示した上で「関与」するのです。このような「観察」と「関与」のやりとりが同時に起こることで、〈気づき〉が生まれてくると思います。

双方向性と同時性も同時に起こる

また、対話には「双方向性」と「同時性」が同時に起こっています。よい対話の場には、〈話し手〉と〈聞き手〉の間に、一方通行ではない双方向のやりとりが生まれます。片方の人だけが話す、講義のような

一方通行のやりとりではなく、お互いの様子を見たり聞いたり話したりするという「双方向性」のあるやりとりです。

　加えて、見る、聞く、話す、ということが同時に起こる「同時性」も大切です。同時性がない話し合いは、「何か意見はありませんか」と聞いても発言がなく、無言の時間が流れるというやりとりになってしまうのではないかと思います。豊かなやりとりが生まれる対話の場をつくりたいものです。

よい意見は応答も含む

　対話の場合は、このように観察や関与、双方向性と同時性が同時に起こることから、「よい意見」というのはその意見への応答も含むと思っています。誰かが話したことに対して、「そうだ、それはいいよね」と言ってくれた応答が、すべてセットで「よい意見」となっていることもまた、見逃せないポイントです。対話とは、このような関係性のなかから生まれてきます。

対話で〈気づき〉が生まれる理由

　このように考えると、「保育について対話しよう」と漠然としたテーマで設定したとしても、観察と関与、双方向性と同時性が同時に起こってくる場合は〈気づき〉があり、無理に結論を出そうとしなくても、参加者それぞれに〈気づき〉が生まれ学んでいくという風土ができあがっていくのだろうと思います。

　〈気づき〉を促進するためには、話し合いの場が心地よいものになっているかどうかが大切になってくるのかもしれません。

58 「いる」ために 「する」をしていない？

そこに「いる」ことが安定している

　対話による〈気づき〉を促進するためには、心地よい対話の場をつくることが大切です。それでは、心地よい対話の場とはどのような場でしょうか。

　まず大切なことは、その場にいるすべての人が、その場に「いる」ことが安定していることです。例えば、場に慣れていない人は、居心地をよくするために、周りに気に入られたた  めに、「する」をしてしまいます。その場に「いる」ために「する」をする例としては、周りの人が「今、そんなことやらなくていいのに」と止めるのに、保育実習生や新人保育者などがその場の整理整頓や掃除をしてしまうのは、「する」をしてしまう典型でしょう。

　また、飲み会の場で「自分で注ぐから」と言う人に、一生懸命にお酒を注いでしまうという行為も「する」をしてしまう例だといえます。その場に「いる」ために「する」をしてしまうという状態です。これは「い

る」が安定していないために、安心できていないのでしょう。

　心地よい場とは、「いる」ことが安定していて、心置きなく「いる」ことができる状態なのだと思います。

対話の場で「いる」が安定すること

　対話の場で「いる」が安定していない人は、どのような状態になるでしょうか。例えば、先輩に気に入られるような意見を一生懸命に発言して、優柔不断に見えるかもしれません。または、「何もありません」と、発言せずに自分の存在をその場から消そうとしているような人も、「いる」が安定していないのかもしれません。

　安心して「いる」ことができる対話の場であれば、少なくとも自分らしい発言ができて、「確かに、この人はそのように感じるのだろうな」という発言が出てくるはずです。一般論を発言したり、対話のリーダーに気に入られるような発言をしたりすることは、安心して「いる」ことができていない証なのかもしれません。

周囲の理解も必要

　まれにあることですが、同じクラスの他の担任から「これだけは言ってきなさい」と伝言を頼まれて、話し合いに参加している人がいます。そのような場合は、一番厳しい状況になるのではないでしょうか。自分らしい発言もできず、また、話し合いの結論が、受けてきた伝言と異なる場合は、責任を問われて余計に萎縮してしまうでしょう。

　対話の場で「いる」が安定するためには、対話に参加するすべての人の「いる」が安定し、周りの人にもそれを理解してもらう必要があるでしょう。

59

相談することは怖いこと

保育者は相談することを怖がっている

　園長や主任が保育者の相談を受けたり、保育者と話し合いをしたりする場合の大前提として知っておくべきことがあります。

　例えば、園長や主任に「うまくいかないので、何とかしてください」「状況を何とかしたいんです」と保育者から相談する場合、あるいは逆に、園長や主任がクラスに入る機会があり「この子どもについて話し合ったほうがいい」と保育者に告げた場合のどちらかにより、相談の場がもたれることになるとしましょう。どちらの場合でも、うまくいかない現象が起こっているのを話し合うことは、保育者にとってはとても怖いことだと思います。

　その理由としては、うまくいかない現象が起こっていることについて、「その原因が自分にあるかもしれない」と保育者が思うからです。「怒られるのではないか」という恐れもあるかもしれません。保育という対人援助の仕事をしている限り、自分が何かに影響を与えてい

クラスがうまくいっていないことについて、怒られるかもしれない……

不安

るのではないかという怖さは必ずあるものです。

話を聴く人が注意すべきこと

　保育者は相談の際には、とても怖いと感じていたり、とても緊張していたりします。そのため、園長や主任は、話を聴くときに注意すべきことがあります。

　1つ目は、保育者の緊張を理解して耳を傾けることです。怖がったり緊張したりしないような雰囲気作りが大切です。穏やかで明るい雰囲気で聴くとよいでしょう。

　2つ目は、保育者の話を聴き切らないうちに、「こうしたらよいのではないか」と一般論として助言しないことです。これにはいくつか理由があります。まず、根本的な解決にはつながらないためです。ものごとの根本的な課題は、話を聴き切らないと見えてきません。さらに保育者も、園長や主任が言ったのだからと逃げてしまうことができます。

　また、保育者も心のなかで「そんなこと言ったって、そんな単純なことだったら私たちもきちんとやっています」という想いがあるかもしれません。このような保育者の想いまで聴き切ることが大切です。

相談や話し合いは、聴く人の姿勢で変わる

　相談や話し合いの場は、相談しにくる人の伝え方ではなく、聴く人の聴き方によって良し悪しが変わってきます。〈聞き手〉の姿勢によって、より良い〈気づき〉を得ることのできる相談や話し合いの場となるのです。

〈気づき〉のステップ③　職員間で「検討する」

60 アンコンシャス・バイアス

焦点化するときの無意識

　相談や話し合いの場で起こりやすいこととして、アンコンシャス・バイアスがあります。アンコンシャス・バイアスとは「無意識の偏見」という意味で、無意識のうちに影響を受けている、偏った考え方やものの見方のことです。「血液型B型は変わり者」「男だったら堂々としているものだ」のような根拠のない偏った考えのことです。

　相談を受けるときには「焦点化」が大切です。焦点化とは、〈問い〉を立てて問題を絞り込むことで「相手の話を絞り込んでいく」ことです。このとき私たちは、アンコンシャス・バイアスに影響を受けている可能性があるので、注意する必要があります。

保育のアンコンシャス・バイアス

　保育の場面でも、アンコンシャス・バイアスはあります。子どもについては、「何歳児ならこういうものだ」という年齢ごとにできることを区切ることは、無意識の偏見といえるでしょう。

　また、保育者に関しても、「保育者何年目であれば、こんなことは知っていてあたり前」というのも、無意識の偏見かもしれません。「こんなことは知っている」というのが前提での発言や、「普通はこうですよね」という発言につながってしまいます。

アンコンシャス・バイアスからくる悩み

　こういった無意識のうちに思い込んだ偏見からくる発言や、自分のなかでの常識にとらわれている発言からくる悩みは、意外と多いものです。「普通はこうだ」と思い込んでいる人は、そうではない人との間で、「お互いに理解し合えない」という悩みをもつことになるでしょう。

アンコンシャス・バイアスは自己防衛

　アンコンシャス・バイアスという無意識の偏見は、自己防衛の一つととらえることもできます。「この子どもは言うことを聞かない」「この子どもは集中力がない」などと考えている場合は、それ以上考えなくなります。これでは、思考停止におちいります。

　また、何度言っても理解してもらえない保育者に「普通はこうですよね」と言えば、一時的に自分が守られるような状況になりますが、根本的な解決にはなりません。

　一人ひとりの子どもと向き合うために、そして一人ひとりの保育者と向き合うためには、アンコンシャス・バイアスがあることを自覚して、なるべくその無意識の偏見に引きずられないようにすることが大切です。

話すときの自己防衛

　人は話すときに、2つの自己防衛をします。1つ目は「責任回避」で、2つ目は「自分をよく見せようとする」ということです。

責任回避

　例えば、保護者に「汚れてもいい服を持ってきてください」と伝えなくてはいけないA先生が、伝え忘れてしまいました。それを園長に報告する場合、「伝え忘れました」と報告できれば問題ありませんが、怒られてしまうとか、指摘されるまで報告しないでおこう、という心理が働くことがあります。その

ときに、「園長先生と会う時間がなかったから」「園長先生が忙しそうだったから」と自分を正当化するのです。

　このようなことが何回も続くのは、望ましいことではありません。仮に何回も続いて、報告しないことがA先生のあたり前になってしまうと、報告することのほうが珍しくなり、主体的に報告することができなくなってしまうのです。責任回避をすることで、関係性を固定化

してしまう恐ろしさがあります。

自分をよく見せようとする

　例えば、複数担任でB先生の場合はクラスが落ち着いているのに、C先生が見ているときはクラスに落ち着きがないとします。しかし、C先生からの報告では、悪いことは報告されず、うまくいったことだけを報告されてしまうとしましょう。

　このとき、C先生は「よく見せなくてはいけない」「きちんとできているところを見せなくてはいけない」という苦しさを抱えている場合があります。しかしこれでは、物事の本質から遠ざかり、〈気づき〉を得られない可能性があります。

２つの自己防衛は、なぜよくないのか

　「責任回避」も「自分をよく見せようとする」ことも、自分を守ることで自己防衛をしたい自分がいるということです。この自己防衛は、報告の際によく使われる「きちんと説明したのですが」「もう何度も言っているのに」「普通はこうだと思うのですが」という言葉にも見え隠れします。このような言葉の裏には、「私は悪くない、悪い結果を生んでいるのは相手だ」という想いがあります。これは、関係性のなかでものごとを見てしまっているためです。

　自己防衛によって〈気づき〉からは遠のいてしまい、課題を改善する機会を失ってしまいます。まずは、2つの自己防衛を自覚して話をする、2つの自己防衛をする人に共感し、抱える苦しみや、その背後にある悲しみや傷つきや怒りに焦点化をすることが、事態を改善させるための一歩となります。

〈気づき〉のステップ③　職員間で「検討する」

62 ささいなことから 話し合いは始まる

愚痴から始まる相談や話し合い

　私のところに相談にくる保育者のうち、「今日は、〇〇について相談しにきました」という人はほんの一握りです。たいていは、「なぜか、子どもたちに落ち着きがない」「保育室がなぜか騒がしい」「まったく保育室で遊べていない」という愚痴から話してくる保育者ばかりです。

　私は、それでよいと思っています。相談にきた段階では、問題が焦点化されていなくても大丈夫です。

さまざまなバイアスがかかっている

　相談にきたときに問題が焦点化されていない理由としては、「特定の誰かを責めてはいけない」というバイアスがかかっている可能性があります。日ごろから「保育者は、子どもの行為を受け止めなくてはいけない」という考えがあると、問題行動があったとしても、特定の名前を出して相談することがはばかられるのかもしれません。

　相談を受けて話を聞く立場の人間としては、毎回ていねいに「それは誰の話なの？」と聞いていく必要があります。

　相談にきた保育者が話しはじめるときは、「今日、本当に疲れました」「最近、イライラしてしまって」くらいの話からはじまることが多

いです。これは、相談にくる人が「自
分の困っていることについて話した
い」と思っているからです。

最近、
イライラしてしまって…

話を聞く人は、「何があったの？」
「先生がそんなに疲れてしまうとい
うくらいだから、何か起こったのだ
よね」と聞き進めていくことが大切
です。

「何が続いているの？」「いつぐらいから、はじまったの？」「どんな
場所で起こるの？」「イライラしちゃうのは、何をされたときなの？」
と聞いていくと、「子どもが友だちのことを叩いてしまうのです」「子
どもが高いところによじ登ってしまうのです」と保育者は話してくれ
ます。

自分を納得させようとしている現象

「よじ登る子どもを止めるしかなくて」と悩んで、「最近、下の子ど
もが生まれてから、保護者がかまっていないみたいで」と理由を探し
ている場合もあります。そのようなときは「〈自分を納得させようとし
ている現象〉が起こりかけているね」と指摘をします。すると、自分や
誰かのせいでもなく「現象」としてものごとを見ることができて、本
人も傷つかずに解決策を考えていくことができるのです。このように
〈問い〉を重ねていくことが、解決への近道だと思います。

〈気づき〉のステップ③　職員間で「検討する」

63

「順番に発言する」のは
本当にいい？

発言は緊張を伴う

特に初めて話し合いの場に参加する人は、その場にいるだけでも落ち着かず、発言するのもとても緊張するでしょう。話し合いの場に慣れるまでには、「自分の発言は受け入れられるのか」「今、発言してよいのか」という不安が常にあるでしょう。発言をするということは、人によってはとても難しいことです。

発言のタイミングは難しい

発言するタイミングというのも、話し合いに慣れないうちは見つけるのが難しいでしょう。会議などでも、ひととおり終わってから「Aさんはどう思いますか？」と指名されてようやく発言したり、指名されなければ一言も発言しないで終わってしまうことがあるかもしれません。

そのような状況が続くと、「Aさんは積極的ではない」という評価を受け、レッテルを貼られてしまうこともあるでしょう。このよ

A先生はどう思いますか？

うにならないためにも、「今の発言がわからないのですが」でもいいので、話し合いでは一言でも発言できるようになりたいものです。

発言をうながす

　話し合いをリードする人がいる場合、リーダーが全員を指名して「順番に意見を聴いていく」という方法があります。最初はBさん、次はCさんというように、順番に指名して発言してもらうのです。この方法のよいところは全員が発言できることですが、マイナス面としては、場が和まないことです。

　また、新人保育者や話し合いの場に慣れていない人だと、自分の順番が回ってくる前にすごく緊張して、他の人の意見を聴けなくなってしまうことがあります。「自分は何を発言しようか」「きちんと発言しなくては」という意識が自分のなかに沸き上がってしまった瞬間に、うわのそらになってしまうこともあるでしょう。

　このようにならないように、話し合いをリードする人は、参加者がお互いの発言を聴き合い、発言し合える環境をつくる必要があるのです。

自由に発言できる場をつくる

　理想的な対話の場とは、参加者がリラックスしてその場にいることができ、お互いの発言をしっかりと聴き合い、自由に発言し合える環境ではないかと思います。そのような場をつくるには、話し合いをリードする人がにこやかに落ち着いた雰囲気で話し、すべての発言を否定しないで活かしながら話題を進めていくという場づくりが必要になるでしょう。

〈気づき〉のステップ③　職員間で「検討する」

64

言葉や態度は大切な要素

よい話し合いの場とは

　よい話し合いの場を作るには、どのようにすればよいでしょうか。話し合いの場は、参加者全員が作っています。しかし、どちらかというと、主体的に発言して話し合いに参加することが、「話し合いの場を作る」ととらえられてはいませんか。話し合いの場は、発言している人と聞いている人の両方が作っています。

　例えば、話し合いをしているときに、話をしている人の話を、聞いている人たちがうんうんとうなずきながら聞いているとします。このうなずきは、話し手に安心感を与えます。

　このように、複数の人が話し合うときに、よい話し合いの場になるかどうかは、〈話し手〉と〈聞き手〉の姿勢が影響しています。仮に、誰にもうなずいてもらえない環境で話し続けるのは、とても勇気のいることです。

言葉と態度は刺激になる

　例えば、話しはじめたら〈聞き手〉の、うんうんとうなずく、興味がなさそうに首をかしげている、キョロキョロと周りを見回す、そういった挙動すべてが話し合いの場を作っているのです。話しはじめたのに、聞き手の全員に腕組みをされて首をかしげられたら、話し手は堂々と話せなくなってしまうでしょう。

　このように、すべての挙動は刺激となり、〈話し手〉にとらえられているのです。

話し合いの場に不慣れな人

　話し合いの場で受け入れられていると感じられることで、発言に自信をもって話せるようになります。新人保育者など、まだ話し合いの場に慣れていない人にとっては、自分が発言するときに、周りの人の行動がとても気になるのではないでしょうか。ですから、〈聞き手〉が前向きに対応することで、本人に「この場にいてもよいのだ」「発言してもよいのだ」と感じてもらえるようにしたいものです。

表層だけを見ている保育者

　このように、私たちは表層的な部分だけ見ています。うなずく、腕組みをする、足を組んでいる、しかめ面をしている、こうした行動はすべて表層的なものです。また、その人の無意識に出てしまう癖という場合もあります。

　話し合いの場で相手の反応が気になってしまう人は、「必ずしも自分を否定しているのではない」ととらえることが大切です。難しい表情をして、腕組みをしながら聞いている人でも、実は心の中ではとても感動している場合もあります。

65 不安を口にできる環境

小さな芋を描いた子ども

　私の園では毎年「小さな表現者展」という作品展を行っています。これは園の生活のなかで、子どもたちが行った造形活動を紹介する展覧会です。あるとき職員たちが、準備のために話し合いをしていました。

　あるクラスの「芋を描く」というテーマの作品がありました。どの子どもも元気で勢いのある筆致で、大きな芋を描いていましたが、一人だけ、小さな芋を描いた子どもがいました。

　保育者は、この子どもの絵を「他の絵に比べて、みすぼらしく見えてしまうのではないか」と心配していました。準備をしながら、その悩みを他の保育者に伝えていたのです。

不安を口にできるということ

　どのようなささいなことであっても、不安を口にすることは大切ですが、人によっては難しいかもしれません。これは、自分のなかに湧き上がってくる〈ノイズ〉がかかわっているからです。「自分の保育を否定されるかもしれない」と思うと、なかなか不安な気持ちを相談することはできません。おそらく、この「小さな芋の絵」について相談していた保育者たちには、「どんなことを相談しても大丈夫」「話を聞いてもらえる」という信頼関係が生まれていたのではないかと思いました。

自分を知ることで相談できる

　例えば、うまくいかなかったことを園長や同僚に報告する場合に、「報告しなくてはいけない」と思いながらも「報告をしなかった自分」がいるとき、〈ノイズ〉が湧き上がっているでしょう。

　意識では「報告しなくてはいけない」と思っていても、それまでの経験からくる無意識のなかから「失敗したことをそのまま伝えると、怒られるかもしれない」「誤解されるかもしれない」と〈ノイズ〉が湧き上がってしまい、最終的に「報告したくない自分」が出てきてしまうのです。「報告しなくてもいいか」という判断をしそうになったときには、もう一度立ち止まり、自分に「なぜ」と問いかけてみるのはどうでしょう。

不安は口に出して相談する

　複数担任で保育をしている保育現場では、不安は小さなうちに伝えることが大切です。しかし一方で、不安を相談できないと思う人がいることや、不安を相談しにくい気持ちがあることも理解しておく必要があるでしょう。日ごろからのチームづくりや、各自の〈ノイズ〉と向き合うという経験が、不安を口にしやすい環境をつくっていくのです。

66

言葉を見つける

実践知の大切さ

　保育には、実践知といわれるものがあります。実践知とは、実践をする人たちの経験の積み重ねや交流から醸成された知識のことです。まだ理論化されていない知識ということもできるでしょう。

　ベテランの保育者は、「なぜ、これが起こるのだろう」「この原因は何だろう」と改めて考えてみなくても、問題を解決できる実践知を獲得している場合があります。

　実践知をもっている人が、そのことを自分で自覚していなかったり、価値のあることだと思っていなかったりする場合があり、とても驚くことがあります。

言葉にすることの大切さ

　実践知といわれるものがあるのは、なぜでしょう。これはおそらく、実践知は感覚としてはわかるけれど言葉にしにくいという特性があるのかもしれません。また、保育現場の人たちに実践知を言語化する力がまだ備わっていないのかもしれません。

　しかし、複数の人で話し合いをするときや、他分野の人に保育を説明するときには、「言葉にすること」がとても大切になってきます。

協力動作という言葉が生まれた瞬間

　私が書いた1作目の書籍に「協力動作」という言葉が出てきます。これは、当時つくった造語でした。

　子どもは見通しが立つと協力してくれることを「協力動作」という言葉にしました。例えば、おむつを替えようとするときにお尻を上げてくれる、洋服を着せようとするときに自分で袖に手を通してくれるなどの動作です。

　「協力動作」という言葉が生まれた瞬間に「子どもに自己決定させるのだ」「見通しを立てることが大切なのだ」「繰り返しが大切なのだ」という〈気づき〉が生まれたのです。「協力動作」は「子どもは協力してくれるね」という保育者同士の同意のある言葉になりました。

　この言葉が生まれていないと、「Aちゃんは言うことを聞かないけれど、Bちゃんは言うことを聞いてくれる」という視点で子どもを見てしまうことになるかもしれません。このように、言葉によって子どもをとらえる視点までも変わってしまいます。それだけ言葉は大切です。

　話し合いの場での発言や保育記録にとっても、言葉や文章が大切になります。話し手や書き手がどのような視点で保育に向かっているのかが、言葉から伝わってきます。自分なりの視点で、相手にわかりやすく伝えられる言葉を探していきたいものです。

67

「担当制」という
言葉を見直す

担当制とていねいな保育

　最近は、働き方改革の考え方から、保育中に子どもとの接触を断つというノンコンタクトタイムをいかに確保するかが大切だといわれます。保育現場でも働き方改革は進んでいるようです。

　一方で、「担当制」という方法論をみなさんもご存知だと思います。子どもたちを大きく集団で見るのではなく、1名の保育者が少人数の子どもを担当して見る保育が「担当制」で、「私の園は担当制で、一人ひとりていねいに保育をしています」と紹介する園も増えてきています。「担当制」という言葉はていねいな保育の代名詞のようにもなっています。

担当制から生まれる弊害

　ところがこの「担当制」は、いろいろと解釈があるようです。例えば、保育者1名で子ども3名ずつの担当制で、ある日、担当の子どものうち2名が休んでしまいました。すると、「私は1名の子どもだけ見ていればよい」というのです。また、「ここは担当じゃないのに、やるのですか」と仕事の内容を選りすぐることもあるといいます。反対に「担当の先生だから、この仕事はやりなさいよ」という指摘もあるそうです。

　このような環境では、保育者は悩んでしまいます。「担当制とは、そ

のようなものだ」「そこまで要求するものではない」と賛否が分かれて
しまうのです。これは、「担当制」という言葉がひとり歩きしているた
めでしょう。さまざまな感情が渦巻いているのは、「方法論で保育をし
ているため」に起こる弊害です。

「ケアワーク担当制」で解決する

　私の園では、「ケアワーク担当制」という言葉を使っています。「ケ
アワーク担当制」とは、食事・着脱・排泄の3つへの対応をケアワーク
と呼び、その対応を担当制にするということです。「自分でどこまでズ
ボンを履こうとする意欲があるのか」「靴下の左右がわかるか」「ズボ
ンに足をどこまで入れると、自分で履けるのか」など、子どもの「どこ
までできるか」を保育者がきめ細かく把握するためです。これは、ケ
アワーク担当制でないと見えてきません。また、子どもが主体的に自
己決定できることを大人が奪ってしまわないために、把握しておいた
ほうがよいことなのです。

　言葉はひとり歩きして
しまったり、解釈が人に
よって違ったりするので、
しっかりと成り立ちや意
味を改めて確認すること
で、各園ごとのルールや
風土ができあがるのだと
思います。

68

先輩という立場は苦しい

保育者の働く環境が変わってきている

　保育現場では近年、キャリアパスというものが設けられました。保育者としての仕事を細かく評価し、処遇を改善することが目的とされています。

　以前の保育現場では、園長と主任がいて、あとの保育者は全員同じ立場という時代が長かったので、組織的に運営している園は多くありませんでした。しかしそのようななか、年齢や経験年数に関係なく、例えば「ピアノが得意だから、A先生は音楽のリーダー」「B先生はアウトドアが得意だから、自然環境の担当」と、若い保育者にも活躍の場が用意されることがありました。

　現在は、キャリアパスのほかに、チームリーダーやクラスリーダーなどの仕組みもできて、新人保育者の育成にもメンター制度を取り入れています。このようにすることで、ほぼ全員の保育者が何らかの役割を担うようになってきました。

先輩という立場は苦しい

　しかし、クラスリーダーになった保育者や、メンター制度で新人保育者を指導する立場になった保育者のなかで、リーダーになったことで苦しむ姿を見るようになりました。先輩という立場は苦しいのです。

その苦しみのなかには、「若手保育者の悩みに対して答えを出してあげなくてはいけない」「正解を言わなくてはいけない」と思い込んでいる場合があります。リーダーの立場になると、相談を受けることや、話し合いをするなかで質問を受けたり答えを期待されたりすることが多くなるものです。そのため、リーダーになる人には、積み重

なった自信がないと、相手が困っているとわかっていても「私には対応できない、無理だ」と思って、同僚が困っているのに声をかけられなくなることもあるのです。

また、質問をされたことに対して、上手に答えられなかった場合に「この園は、このようなやり方を以前からやっているから」という曖昧な言い方で答えてしまう場合もあるでしょう。

後輩は、受け止めてほしいだけかもしれない

しかし、状況をよく見てみると、新人保育者は困っていることを受け止めてほしいだけかもしれないのです。また、答えは後輩自身がもっていることも多くあります。後輩の言葉をしっかりと受け止めるだけで、あとは後輩自身に任せてみても大丈夫かもしれません。このような対応は信頼関係から生まれてきます。お互いを信頼し合ったチームづくりが必要でしょう。

69

子どもをネガティブに
見てしまう

子どもをネガティブに見てしまう

　話し合いの場で、子どもをネガティブに見てしまう保育者を見かけることがあります。子どもが大好きで入ったはずの保育の世界で、子どものよいところをなかなか見出せなくて、悪いところばかりに目が向けられてしまうのです。

見方の傾向を分析する

　私は、子どもをネガティブに見てしまう保育者には、子どもの見方の傾向を分析してもらうようにしています。

　例えば、どのような子どもの行為が嫌なのかを考えます。乱暴をする子ども、走り回る子ども、うじうじとしてはっきりしない態度の子どもなど、怒りたくなってしまう対象や、前向きにとらえられない子どもの行動が浮かび上がってくるはずです。

傷ついている自分に気づく

　さらに、今まで保育をしたなかで、一番忘れられないケースを思い出してもらいます。すると興味深いことに、子どもが大変だったのではなく、子どもの大変な行動に向き合わなくてはいけなかったときに、周りにいた同僚や先輩や園長や保護者から受けたいろいろな言葉

に傷ついていることが多いのです。

　子どもをネガティブに見てしまう保育者は、自分自身が傷ついている場合が多くあります。子どものことは、理解しなくてはいけないと思って見ている場合がほとんどですが、例えば園長から「あなたが悩んでいることは、たいしたことではない」と言われたことに傷ついていたり、「私が見ているときには、困った行動はない」と同僚に言われたり、「去年はこんなことなかったのに」と周りから言われたりしたことがプレッシャーになっているのです。すると、同僚も信じられず、園長に相談するのも億劫になってしまい、問題を抱え込み、悪い結果を表に出さないようにするという悪循環につながっていきます。

保育の改善にも消極的

　ものごとをネガティブにとらえてしまう保育者は、保育所保育指針が改定されて、新たな保育や、これからの子どもたちの育ちのために保育を改善していこうとしても、エネルギーがなかなか出てこない場合があります。

　新しい保育について「こんなやり方は見たことがない」「なぜそんなことをするのか、わからない」と否定してばかりいる保育者にも、「子どものためにより良くしよう」という気持ちになってもらえるようにするには、その保育者が抱えている傷つきにていねいに向き合うことが大切です。

〈気づき〉のステップ③　職員間で「検討する」

70 子どもたちの ピーステーブル

　本章では保育者同士の話し合いについて紹介していますが、子どもの話し合いについて、一つだけ紹介したいと思います。

解決のために話し合う場所

　私の園では、保育室のなかに「ピーステーブル」というものがあります。これは机ですが、机の天板に穴が空いていて、四角でも丸でもない変な形をしている机です。このような形をしているので、ピーステーブルは絵を描いたり物を作ったりするには機能が低いものですが、子どもたちの「話し合いの場」になっています。

　例えば、子どもたちが喧嘩をしてしまったとき、普通であれば保育者が間に介在して「Aくんはどんな気持ちだったの？　Bくんはどうだったの？」「ごめんなさいって謝ろうか」「もう許してあげてね」と子どもの気持ちを代弁するという支援をしていると思います。しかしピーステーブルがあると、「ピーステーブルでお話ししてきて、どうやって解決したかを先生に教えてね」と伝えることで、子どもたちが解決に向けて、ピーステーブルの周りに座って話をするようになるのです。

　また、「話し合いをして解決すると、先生が一生懸命に聞いてくれる」となると、子どもたちのなかで、ピーステーブルで話し合いをすることの価値が高まってくるのです。

主体的にピーステーブルを活用する姿

　さらに、「僕はもうお兄ちゃんだから、話し合ってくる」という子どもまで出てきて、話し合って解決することが「かっこいいこと」として認識されていきます。何かお互いに不具合があって喧嘩になったときなどは、「ピーステーブルで話してくる」と言って、机に「ピースタイム」という旗を掲げて話をしています。

　このように主体的にピーステーブルを活用するようになってくると、話し合うことの価値が高まってくるのです。このようにして、子どもたちの話し合いの風土をつくるために環境を設定しています。

　ピーステーブルを使うことによって、子どもたちは「話し合いをすること」に集中できます。大人の場合も、話し合いのための仕掛けやデザインを考えてみてもよいのかもしれません。

目先の不安を取り除く

保護者の相談に助言できなかった保育者

保育者が「保護者と面談をしようと思うのです」と相談にきました。その保護者の子どもは、3歳になっても、登園時に抱っこして連れてきてもらわないと登園できません。洋服を着替える能力はありますが、母親の前では「やって」と言って、自分からは着替えをしようとしません。

母親もどうにかして自分でやってもらおうと、なだめたり、褒めそやしたりと工夫をするのですが、自分でやってくれるときもあれば、やらないときもあるとのことでした。母親としては、夫に早く帰ってきて手伝ってほしいのになかなか帰ってきてもらえないことも悩みのようでした。

保育者は、このような話を母親から聞いたところ、自分も保育をしていてその子どもの保育のしにくさというものを感じていたことから、「お母さんの気持ちはよくわかります。私もそういうときがありますよ」と伝えたようです。しかし、母親の悩みが解決するほどの助言ができなかったことや、話が途中で終わってしまったため、面談をしようと思い、「面談をするときには、どのようにしたらよいのか」と私に相談をしにきたのでした。

面談までの道筋を考える

　私はひととおり話を聞いて、保育者に「面談のときにどうするのかというよりも、面談に行き着くまでの道筋を考えよう」と伝えました。さらに「明日お母さんに会ったら、何と言おうか？」と問いました。

　保育者は「何と言うのが一番よいのでしょう？」と答えます。私は「今日の話は、最後の言葉としてはどんな感じで話が終結したの？」と尋ねました。すると「話を聞いてもらって、ちょっとすっきりしました、と言われました」と保育者が答えます。「それは、話の終わり方としては悪くなかったんだね。じゃあ、その話を真剣に受け止めて、次にスタートしようとしているというスタンスを伝えるために、A先生だったらどんな言葉になるの？」と問うと、「お母さんの話を聞いて、何とかしてあげたいと思ったので、クラスの他の保育者にも話してみました。ですかね」というので「それはいいね、それで明日伝えてみようか」と相談は終わりました。

目先の不安を取り除き、大切なことに目を向ける

　保育者からの相談は、目先の不安が先立っている場合があります。そのため、その不安を取り除いてあげると、より大切なことに自分自身で目を向けることができると思います。

72 話し合いが煮詰まったら

新しい視点を加える

　保育者から「話し合いに参加してもらえませんか」と声をかけられて参加してみると、たいていの場合、話し合いは煮詰まっています。

　話し合いが煮詰まってしまったときに、誰か別の人を話し合いに参加させるというのは、解決法の1つかもしれません。新しい視点を加えることで、話し合いの突破口を見出そうとするのですから、解決に一歩近づくといってもよいでしょう。

問題が重なり合っているときは

　話し合いが煮詰まっているときによくあるのは、問題が重層的に重なり合っていることです。例えば、子どもの問題を話していると思ったら、保護者の納得を得られるように考えているだけだったなど、同じ問題を別の視点からとらえていたということです。

　このように問題が重層的になっているときには、先にお伝えした「56.問題を整理するときのポイント」のように、手順を踏んで解決していきます。まずは「問題を出し切ってみよう」「問題に優先順位をつけてみよう」「誰のニーズの問題なのかを確認してみよう」と、重なり合う問題の後ろに眠っている課題を考えてみるのです。このように重なり合う問題に順番に取り組むことで、〈気づき〉が得られて解決に

向かっていくのだろうと思います。

自分の〈ノイズ〉と向き合う

さらに必要なのは、「自分の〈ノイズ〉と向き合うこと」です。「自分の悩みを解決したい」という想いは自分の〈ノイズ〉でもあります。「なぜ私は、この悩みを解決したいのだろう」と〈問い〉を立てることで、自分の〈ノイズ〉と向き合うことができます。これは複雑に重なり合う問題に向き合うときの1丁目1番地のような方法です。

論点をひっくり返す

それでも話し合いが煮詰まっているときは、どのようにしたらよいでしょうか。話し合いに参加している全員が煮詰まってしまい、もう何がなんだかよくわからなくなっているときは、論点をひっくり返してみることも大切です。例えば、「もしこの問題が、明日の朝起きてみると理由はわからないけれど解決していたら、どんな世界になっているか」と〈問い〉を立ててみます。一見、突拍子もないような質問ですが、実はそこにゴールが見えたりするときもあります。この手法はブリーフセラピーという手法のひとつです。

もしこの問題が、明日の朝起きてみたら理由はわからないけれど解決してしまっていたら、どんな世界になっている?

話し合いをするということは、複雑に重なる問題に取り組むことです。根気強く向き合うことができるようになりたいものです。

73

想いを話し合う

想いを話すことは悪いこと？

　「保育者は、想いを話しすぎて、話が論理的ではない」と言われることがあります。この言葉からは、想いを話すのは悪いことのように感じられます。しかし私は、保育の現場では大いに想いを話し合ったほうがよいと思っています。

表現活動について話す保育者たち

　私の園では「小さな表現者展」という作品展があります（「65.不安を口にできる環境」参照）が、あるとき、その準備が一区切りついた保育者たちが話をしていました。お互いに、自分のクラスの展示物である子どもたちの作品を見ながら話していたのです。

　4歳児クラス担当のA先生は、「子どもたちに、ハサミを上手に使えるようになってほしいし、手先が器用に使えるようになってほしい」という想いから、日ごろから保育室に、ハサミや切ってもいい素材をたくさん置いていました。日が経つにつれて、子どもたちはすごく上手に細かく切れるようになったので、子どもたちは作品を作ってみました。また、春と秋では違いがあり、作品の出来も変わってきたと、子どもたちの作品を見ながら話していました。

お互いの保育観から〈気づき〉を得る

その話を聞いた3歳児クラス担当のB先生は、「A先生の表現活動は、私のクラスの表現活動とは違う視点で、ハッとした」と話し始めました。B先生のクラスでは、オクラを育てて収穫したらオクラのスタンプで遊んでみるとか、芋を収穫したときには芋を使った表現活動をするという手法をとっていました。

B先生は「表現活動が、体験したら表現することの繰り返しばかりだった。A先生のように、子どもたちの表現活動の技術を伸ばしていこうという視点でやっていなかった」という〈気づき〉があったのです。

すると、A先生も「でも私は、技術論というか、子どもの発達に応じた活動が楽しくできたらという思いが優先して、B先生のような体験を重視した視点が弱かったかもしれない」と話していました。このA先生にとっても〈気づき〉があったのです。

想いを話すことで見えてくるもの

展示された作品を見ただけではわからない、保育者の想いを話し合うことで、作品の後ろにある「大切にしようとしていたもの」が見えてきたのです。このような想いに触れた保育者は、必ず影響を受けて、より豊かな保育をするようになります。想いを話し合うことは、豊かで深みのある保育のための大事なステップなのかもしれません。

74

話し合いがすれ違うとき

保育環境について話すときのすれ違い

　私の園では、保育室の室内環境を変えようとするとき、保育者同士で話し合いをします。すると、同じ室内環境の話をしているはずなのに、話題がすれ違っていくことがあるのです。これはなぜなのかを考えてみました。

感じている課題が異なる

　例えば、「1歳児クラスの保育室の環境を変えよう」というテーマで話し合ったとしても、具体的に誰のどの行為に対して解決したいと思っているのか、ということが大切になります。

　A先生が「子どもたちは今まで落ち着いていたのに、走り回るケースが増えてきた」というと、他の保育者たちは「外遊びが足りないのかな」「もっとよじ登りたいなどという欲求が出てきたのかな」「今の保育室の遊びとおもちゃがマッチしていないのではないか」という話が出てきたとします。しかし、どれもが解決策のようでいて、決定打に欠ける気がします。それは、保育者同士で感じている課題が異なるためです。

話し合いたいと思った動機に向き合う

例えば、B先生は「保育室で走り回ってしまうDちゃんのことが気になっている」という前提で話しているかもしれません。一方で、C先生は「人に迷惑をかけていないようだけれど、遊ばないでいつもぼーっとして寝転がっているEちゃんが気になっている」という前提で話しはじめているかもしれません。このような違いをす

り合わせながら、「1歳児の保育室の環境を変えよう」と話しはじめたときは、最後は1人の子どもの問題にフォーカスするようになるのです。

このように「話し合いたいと思った動機」に向き合うことはとても大切です。B先生とC先生では、保育室について感じている問題も、その問題に対する解決策も大きく異なります。

想いを焦点化する

保育者同士の話し合いでは、保育者の「想い」を焦点化した話し合いにすることが大切です。話し合いたいと思った動機から「想い」を焦点化していくことができます。保育者それぞれの「想い」を焦点化していくことで、「確かに最近、Aちゃんは保育室で走り回っているね。そして、いつも寝転がっているBちゃんも遊べていないという問題がある。このどちらのタイプの子どもも安全に安心して遊べるような保育室をつくろう」と保育者それぞれの想いが共有されると、話し合いの質が上がるはずです。

〈気づき〉のステップ③　職員間で「検討する」

75

保育者に求められる姿

問題解決を遠ざける「保育者に求められる姿」

　保育者から相談を受けていると、保育者という立場だから悩んでいるのではないかという気がすることがあります。例えば、「保育者は、子どもの行為を受け止めなくてはいけない」という保育者に求められる姿からバイアスがかかり、「特定の誰かについて相談してはいけない」と思い込んでいるようです。

保育者は、子どもの行為を受け止めなくてはいけない

↓

特定の子どもの困った行動について相談してはいけない

　このような例は他にもあり、「保育者は、否定語を言ってはいけない」「やらせる保育ではなくて、見守る保育でなくてはいけない」という考え方です。これらは、子どもの育ちのためには大切な視点です。

　しかし、「保育者は、否定語を言ってはいけない」ということから、問題行動を問題だと伝えることを躊躇する保育者もいます。また、「見守る保育」のために、深刻な問題を放任している場合も少なくありません。

保護者の悩みに寄り添いきれない

「保育者は○○であるべき」ということは、たくさん言われています。例えば、当然のことと思われるかもしれませんが「保育者は、子どもに手をあげてはいけない」という姿によって、「どうしても、気がついたら子どもに手をあげてしまう」という保護者の悩みに寄り添いきれない場合があります。「保育者は手をあげなくても子どもとやりとりできているのに、保護者はなぜ簡単に手をあげてしまうのか信じられない」という想いを抱いている人もいるのではないでしょうか。

このような保護者の悩みにも、専門家として向き合う必要がありますが、保護者に寄り添うためには、自分のもつバイアスを知っておく必要があります。

保育者としてより良くあろうとする自分

話し合いをする際には、この「保育者としてより良くあろうとしている自分」と向き合うことが大切です。これは、保育者としてより良くあろうとしている自分を否定するのではありません。「保育者とはそういうものだ」という客観的な視点をもつのです。そうすることで、「保育者は○○であるべき」という視点から生まれるバイアスにかかっている自分を意識することができるでしょう。

大切なのは、否定語を使いたくなる状況や見守っていられない自分の心の動きを自分自身が理解することです。自分にバイアスがかかっていることを理解することで、保育についてより良い〈気づき〉を得て語ることができるようになります。

〈気づき〉のステップ④

「方法・改善策」を決める

〈気づき〉を得るための4つ目のステップは、「方法・改善策」を決めることです。どのように「方法・改善策」を決めていくのか、考えていきましょう。

76

ケース会議は
子どもの問題を検討する場？

ケース会議と問題の解決

　保育にとって、ケース会議はとても大切な会議です。しかし、みなさんの園では、ケース会議が「子どもの問題を検討する場」になっていないでしょうか。

　問題を解決しようとして問題点ばかり見てしまい、結果的に問題点ばかりを検討しているのではないかと思います。

思うように保育ができない

　園長である私に保育者が相談にくるケースは、ほぼすべて問題点です。これが良いか悪いかは別として、相談にくる保育者たちを見ていると、保育者にとって、思ったように動いてくれない子どもたちというのは悩みになってしまうことがよくわかります。おそらく「思うように保育ができない」ことが大きな問題に感じるのでしょう。

問題解決はニーズを考えることから

　保育者から相談を受けた場合、その問題をいっしょに解決していくわけですが、「その悩みは誰のニーズなのか」を考えることからはじめます。ニーズは、「その悩みは誰の悩みですか？」と〈問い〉を立てることで見えてきます。

　例えば、「机によじ登ろうとしている子ども」について相談している場合、どこか他によじ登りたいところがあるのに登る技術がなくて、悔しくて騒いでいるという子どもの姿であれば、子どもの悩みであり「子どものニーズ」です。しかし、子どもが机によじ登ろうとしている様子を見て、危ないとか行儀が悪いと思って見ているのは保育者の悩みであり「保育者のニーズ」でもあります。

現象やノイズと向き合う

　「子どものニーズ」が悩みの場合は、問題行動を「〇〇現象」として見ていきます。例えば「机に登っちゃう現象」として「机に登っちゃう現象は、いつ起こるのか」「机に登っちゃう現象は、どのくらいの時間続くのか」と細かく分析していきます。このように分析していくと、どのような環境で起こる現象なのか、〈気づき〉を得ることができるでしょう。

　「保育者のニーズ」が悩みなのであれば、保育者の悩みの源泉である〈ノイズ〉とていねいに向き合っていきます。この場合、保育者は「私の悩みだったのか」と〈気づき〉を得ることになるでしょう。問題児とされているのは子どもだけれど、「自分の課題解決のために、子どもを知っていく」という立ち位置になるのです。このような〈問い〉の立て方をすることで、問題を解決していけるようになります。

〈気づき〉のステップ④　「方法・改善策」を決める

77

「Weモード」で話し合う

「Weモード」で考える

　方法や改善策を考えるとき、全員が同じ方向を向いて同じことをやるという気持ちが一致していないといけません。このときに大切なのが「Weモード」で考え、話し合うことです。

「私たちごと」で話し合う

　「Weモード」とは、ものごとを「私たちごと」で考えるという視点です。私たちはものごとを、「自分ごと」や「他人ごと」と考えることは得意です。しかし、「私たちごと」という視点はなかなかもてません。

　また、悩みはどうしても「自分ごと」として考えてしまいます。例えば、管理職の私だったら「保育者に保育の勉強をしてもらいたい」「子どもたちにやさしく声をかけてもらいたい」と考えることがあります。しかし、その想いを保育者たちに伝えても、一部の保育者が「私だけやらなくても、大丈夫だろう」という考えだったら、どうしても集団としてよいまとまりにはなりません。

　他にも、園の中で決まりごとをつくるとしましょう。「来週までの提出期限を守るようにしよう」「時間に遅れずに来るようにしよう」「報・連・相をしっかりしよう」などと、どのようなことでもよいのですが、これらが「私たちごと」にならないと、どれだけよい方法・改善策を決

めても、うまくいかないのです。「自分ごと」でも「他人ごと」でもうま
く進みません。

「私たちごと」を目的にする

　方法・改善策を考えるときには、「自分ごと」か「他人ごと」かという
二択ではなく、「私たちごと」にしなくてはいけないということが一
番大切です。「私たちごと」をつくり上げるにはどのようにすればよい
のかを考えることを基本に置かないといけません。

　「私たちごと」にする、という一番大切なところを忘れて話し合いだ
けをすると、あまりよい結果にならないのではないでしょうか。何か
を決めたとしても、「決めたけれど守れない」「決めたけれど忘れてし
まう」「決めたけれど、他人ごとで自分は関係ないと思われてしまう」
という状態になってしまうのです。

方法・改善策を考えるとき

　方法・改善策を考えて、実効性
のあるものにするためには、話し
合いの場を「私たちごと」にしな
くてはいけません。「私 たちごと」
は、話し合いのファシリテーター
が声をかけることで意識化されま
す。さらに、参加者それぞれの心
がけによってつくりあげられてい
く風土です。

〈気づき〉のステップ④　「方法・改善策」を決める

78

よい話し合いと「ペース合わせ」

ペースは合っている？

　方法・改善策を決める話し合いの場で大切なのは、参加している人たちのペースです。このペースが合っているかどうかが、話し合いの成果を左右します。

　ここでいうペースとは「参加している人たちの姿勢や態度」のことです。私は、話し合いがよいものになっているかどうかを判断するときに、このペースが合っているかどうかを大切にしています。

ペースとは動作や姿勢、態度

　もう少し具体的に、ペースについて説明をしましょう。例えば、2人で話しているときに、1人だけがペラペラと話をしていて、もう1人が腕を組んで首をかしげて難しい表情をしているようでは、ペースが合っているとはいえません。

　一方で、例えば、喫茶店などで女子高校生たちが楽しそうに話している様子は、遠くから見ていても、話している内容が聞こえていなくても、お互いの手の動きがシンクロしているような様子から、ペースが合って喋っている様子がわかります。このような状態を「ペースが合っている」と考えています。

　別の機会に、駅の改札のあたりでカップルが深刻そうにしていて、女

の人がつまらなそうに下を向い
て、男の人が必死に話す様子な
どを見ると、話の内容はわから
ないけれど、あまりよい状況で
話をしているようには感じられ
ません。これは「ペースが合って
いない」と考えています。

　「ペース」とは、話している言
葉の意味や、話している内容で
はなく、動作や姿勢、態度のこ
とを言います。「ペースが合っている」とは、動作がシンクロしていると
か、姿勢や態度がお互いに積極性を示しているということをいいます。

「ペース合わせ」を大切に

　話し合いの場では、ファシリテーターをする保育者には、この「ペー
スを合わせること」を大切にするように伝えています。

　常に家族のように一緒にいる相手や、仲良しの友だち同士などであ
れば、ペースはすぐに合うでしょう。しかし、「今から話し合いをする
ぞ」と緊張感がある場合は、最初はペースが合っていないので、ペー
スを合わせていくことが大切です。そのためには、参加する全員がリ
ラックスできるように、メンバー全員の顔が見えるようにして座るな
ど、物理的な場づくりも大切です。

　このように「ペース」を合わせることで、参加者が安心して話し合
い、リラックスして発言することができるようになるでしょう。

79 その人の居場所を作る

居心地の悪さとつらさ

　新人保育者や実習生がきたとき、他の保育者はテキパキと動いていますが、新人保育者や実習生は何をやってよいのかわからずに、動くことができていないという状況をよく見かけます。

　このような状況は、新人保育者や実習生にとって、居心地が悪く、本当につらい状況だと思います。そこで私の園では、新人保育者や実習生が動きやすい場をつくるにはどのようにするとよいのか、また入職したばかりの保育者にどのような仕事を提供するのがよいのかを、もっと真剣に考えないといけないと話しています。

そこにいてよいという安心感

　その場にいてよいという肯定感や安心感を、子どもや保育者にも感じてもらえる場をつくることがとても大切だと思っています。特に子どもの主体性は、安心感と見通しがないと生まれてこないものです。

　子どもの問題は、この居心地のよさや安心感というものに大きくかかわっていることが多いと思います。子どもの問題は、少しゆがんだ形で見えてきます。例えば、「うろうろしてしまう」「他の人にちょっかいを出してしまう」という問題です。このような子どもの姿だけ見ると、単純に表面的なことだけを注意してしまいがちです。

でも、ひょっとしたら子どもは、「どこで何をしてよいのかわからない」という状態なのかもしれません。目に見えている現象の原因は、意外なところにあることも多いものです。

あらゆる刺激を受けている

方法・改善策を決めるケース会議などの話し合いの場をつくるときには、相手の様子を見ながらつくることが大切です。

会話や話し合いでは、〈話し手〉も〈聞き手〉もそれぞれに、さまざまな刺激を受けています。〈話し手〉と〈聞き手〉との会話も、話し合いの場も、相手とやりとりするときは刺激物を受け渡しするという気持ちが必要です。

あの子どもは、やることがなくて困っている

日ごろから「相手はどのように受け取るのだろう」「どのくらいの早さだったら受け取れるのだろう」「どんな球だったら受け取りやすいのだろう」という、野球のキャッチボールのようなやりとりが必要です。

いきなり話し合いをはじめるのではなく、キャッチボールをするなかで相手の様子を探りながら、適切な居場所としての話し合いの場を作っていきます。

〈気づき〉のステップ④　「方法・改善策」を決める

80 できる、できない、やりたい、やりたくない

方法・改善策を決めるときの気持ち

　方法・改善策を決める話し合いをするとき、私たちはどのような気持ちを抱えて参加しているでしょうか。私は、大きく分けると「できる」「できない」「やりたい」「やりたくない」という4種類の気持ちを抱えているのではないかと考えています。

自分の立ち位置を確認する

　話し合いをしているとき、「私がやるのですか？」「子どものためだから、私はやりたい」「私はやりたくない」と、さまざまな意見が出てきます。これはすべて、私たちが「できる」「できない」「やりたい」「やりたくない」の気持ちのなかで揺れ動いているからです。

　「できない」「やりたくない」という気持ちを抱えていれば「私がやるのですか？」と聞いたり「私はやりたくない」と否定するでしょう。「できる」「やりたい」という気持ちを抱えていれば「子どものためだから、私はやりたい」という答えになります。

話し合いに参加するときは、検討する事柄について、すでに4種類の気持ちのいずれかを判断しているのです。4種類のうち、自分はどの気持ちを抱えているのかを知ることで、自分の立ち位置を理解することができます。

自分の気持ちを知ることで「私たちごと」になる

　例えば「やりたくない」という気持ちでも、「できないし、知らないからやりたくない」「今は、やりたくない」などという、さまざまな条件がついた上で考えている場合もあります。「別の先生と一緒だったら、やってもいい」という判断もあるかもしれません。自分ではあまりスッキリしないというときに、「どのレベルでやりたくないのか」「なぜ、気持ちが乗らないのか」を自分でわかっておいたほうがよいでしょう。

　方法・改善策を考えるとき、この4種類の気持ちがわかっていれば、例えば自分がやらなくてはいけないのはわかっているけれど自信がないときに、きちんと周りの支えを得られるようにお願いすることもできます。このようにすることで、「私たちごと」になっていくのです。

　最近は、さまざまなことが自己責任化されています。しかし、チームで方法・改善策などを決めるときは、一人ひとりの責任の所在を明らかにするよりも「私たちごと」にして全員で支え合いながら考えることが大切です。

81

「やりたい」が
尊重される職場

仕事に対する温度差が出ない職場

　「できる」「できない」「やりたい」「やりたくない」の4種類の気持ちで、「私たちごと」の環境を作れることを前のページでお話ししました。「私たちごと」の環境が整うことで、仕事に対する温度差が出ない職場にすることができます。

　例えば「あなたは、この仕事をやってください」と割り振られたときに、やりたい仕事なのか、やりたくない仕事なのか、できる仕事なのか、できない仕事なのかを、保育者自身が見極めることができます。また、この見極めができることで、職員間で仕事に対する温度差が出ず、必要な場合は調整ができるのです。

　このような環境になることで「仕事を割り振ってみたものの、うまくいかなかった」ということは起こらなくなるでしょう。

「やりたい」が優先される風土づくり

　例えば、運動会の準備をするときに、仕事を割り当てることがあります。保護者に配るプログラムを作る人、入退場門を作る人、などと割り当てていくのです。このようなときも数人でチームを作りますが、「このようなプログラムを作りたい」「このような入退場門にしたい」という想いが担当者たちにもあります。こうした意欲がある人の

集まりになった場合は、「やりたい」ことが優先される風土づくりをしたいものです。

　そのためには、日ごろから話し合いをするなかで、「やりたい」が尊重される職場にすることが大切です。また、「ちょっと自信がないのだけれど、やりたい」という人に対して、周りがサポートして支援できる環境をつくることも大切です。このように支援することで、園内が次第に「安心して挑戦できる場」になるからです。安心して挑戦できる場づくりは、一人ひとりの保育者が「やりたい」という意欲をもてるように応援することにつながっていきます。

よい話し合いの場で〈気づき〉を得る

　「やりたい」が優先され、また、「自信がないけど、やりたい」が支援される職場になってくると、自然と「私たちごと」の「Weモード」の話し合いの場になります。「Weモード」のときは、自分以外の保育者のことを感じながら話し合いができ、「あの先生は、このような視点で仕事をしているのだ」と〈気づき〉を得ることができます。他の人の視点を自分の仕事に取り入れることで、個人の成長を促すことができるのです。

　よい話し合いの場を作ることで、保育者の個人的成長につなげることができます。

〈気づき〉のステップ④　「方法・改善策」を決める

82

よい意見を言うのは苦しい

話し合いの場でよい意見を言うこと

話し合いの場で発言することはとても大切ですが、話し合いの場やみんながいる場所で、よい意見を言うことは難しいです。そのため、よい意見を言わないといけない緊張感や、よい意見を言わないといけないと期待されるのは苦しいことです。

そもそも、よい意見とは、何かを言ったときに「そうだ、それはいいよね」と誰かに聞き入れてもらえる

もので、応答とセットになっているものです。このような関係性のなかから「よい意見」というのは生まれてくるのであって、一方的に「よい意見を言ってほしい」という期待に応えるものではありません。

新人もベテランも苦しんでいる

新人の保育者であれば、話し合いの場で何を発言したらよいのかわからない場合も多くあるでしょう。発言すること自体に苦しさを感じていて、これではよい意見を言いようもありません。

また、ベテランの保育者であれば、若手保育者たちから質問をされた場合に、正しい答えを出さなくてはいけないという苦しさを感じている場合があります。「これは、どういうことでしょうか」と質問が出たときに、なぜか一斉に視線がベテランの保育者のところに集まるようなこともあります。このような緊張を要する環境で正解を答えなくてはいけないのは、とても苦しいことです。

「わからない」と言える大切さ

本来は、よい意見を発言しなくてはいけないと考える必要はありません。リラックスした話し合いの場で、その人らしい発言ができることが望ましいのです。

また、わからないことがあるときに、「わからない」と言えることは大切です。そのかわりに「一緒に調べるのを手伝ってください」とお願いできればよいのです。周りの人が手伝ったり支えたりする環境が整っていることが大切です。このようにすることで、感じていることを感じたままに発言できる話し合いの場になるでしょう。

誰もが自分らしい発言を

よい意見を言うことを要求せず、誰もがその人らしい発言ができることは、方法・改善策を考えるときには必要です。さらに、方法・改善策を考えるときには、意見を誰かの意見ととらえるよりも、「私たちごと」として考えることで、「私たちの意見」としてとらえて検討することが大切です。「私たちはどのように考えるべきか」という視点で話し合いを進めることが望ましいでしょう。

83

ケース会議の進め方 ①
誰のニーズかを考える

誰のニーズを解決するのか

　方法・改善策を考える場合、解決すべき話が「誰のニーズなのか」を考えることが大切です。その際、「保護者のニーズ」のようで、実は保護者に対応する保育者自身のニーズという場合があります。また、感情のレベルで「わかる」とか「そこがニーズだよね」と言い合って、誰のニーズなのかを確認し合うことが大切です。

「まったく食べない子ども」は誰の困りごと？

　例えば、「全然食べてくれない子ども」という事例を検討するときに、誰のニーズなのか、3つのケースを考えることができます。

　1つ目は、食事が摂れなくて体重が増えず、身長も伸びなくて、本人は嫌いなものばかりで食べず、保護者も困っていて、大人たちからの「食べてくれないかな」という想いが子どもにプレッシャーになっているケースです。これは、「子どものニーズ」といえるでしょう。

　2つ目は、年度替わりで、昨年度までは食べていたのに、今年度は食べてくれないというケースで、これも「子どものニーズ」です。

　3つ目は、食事の担当になっている先生が「食べてくれないのです」と言った場合でも、自分から言ってきたことではなく、他の先生から「この子、最近食べないわね」と言われた言葉に不安を感じたケース

で、これは「保育者のニーズ」です。

起こっていることは何か

　「全然食べてくれない子ども」という事例も、起こっていることを詳細に聞き出すと、いくつものケースが見えてきます。このように、誰のニーズなのかを考えるときは、「起こっていることは何なのか」を整理することが大切です。

　「食べない」という以外にも、「着替えたくない」「登園を渋る」「外で遊んでいて、部屋に入ろうとしない」など、あらゆることが問題になりますが、その一つひとつの問題を詳細に見ることが大切です。

　「外で遊んでいて、部屋に入ろうとしない」という場合は、「部屋に入ってきてもらいたい」というのは保育者のニーズで、子どものニーズとしては「今の遊びをもっと続けたい」「明日も明後日もこの遊びをしたい」というものかもしれません。このニーズを取り違えると、子どもをどのように動かすのかという話し合いになってしまう可能性があります。まずは、「誰のニーズなのか」を考え、「子どものニーズ」を中心にしながら話し合うことが大切です。

84 ケース会議の進め方 ②
保育者の想いに共感する

子ども主体は、保育者をないがしろにする？

　ケース会議で方法・改善策を話し合うとき、子ども主体の視点で話し合うことは大切です。しかしケース会議では、子ども主体で話そうとすることよりも「保育者の想いをないがしろにしていないか」を注意することが大切です。

　「子どもが遊んでいて保育室に戻ってこない」という事例では、「戻ってきてもらいたいよね」と共感すること、「子どもが食べてくれない」という事例では「食べてもらいたいよね」「食べないと不安になっちゃうよね」「私が担任のときも最初はそうだったよ」と、まずは困っている保育者の想いに共感することが大切です。

　子ども主体は、保育の基本としてよくいわれることですが、対人援助をするのは保育者です。そのため、保育者の気持ちから生まれてくるニーズを、まずは「よくわかるよ」と共感してあげることが大切なのです。

保育者のニーズは解消される

　問題の見え方が変わることで、問題自体は解決していなくても、保育者のニーズは解消されることがあります。

　「子どもが遊んでいて保育室に戻ってこない」というケースの場合、

「保育室に戻ってきてもらいたいのは、保育者のニーズだった」と気づくことで、「私はそのような見方をしていたのか」「子どものほうを見ていなかった」と〈気づき〉を得ることができます。そのことによって、保育者自身の悩みは消えてしまいます。話し合いによって他者の視点が入ってくることにより〈気づき〉を得ることができるのです。

ケース会議は、保育者の〈気づき〉を話す場所

　ケース会議では、子どもの問題行動について話し合いをすることが多いですが、そのためだけの場ではありません。保育者一人ひとりが、日ごろから何を考えて保育をしているのかを知るための場でもあります。まずは、保育者一人ひとりのニーズを大切にして、安心して話し合える場を作りたいものです。

　しかし、保育者のニーズだけで問題を話し合ってはいけません。ニーズを取り違えてしまうと、子どもをどのように動かすのかということを話し合う場になってしまいます。ルールをどんどん決めて、子どもを従わせることになると、悪循環におちいってしまいます。

　まずは、保育者の想いをないがしろにせずに認め合いながら、「子どものニーズ」で問題を話し合うことが大切だといえるでしょう。

85

ケース会議の進め方③
スモールステップで考える

問題を小さく分解して考える

　ケース会議で方法や改善策を考える場合、スモールステップで、問題を小さく分解して考えることが大切です。

　例えば、「子どもがお漏らしをする」という事例を考える場合、「お散歩していてもお漏らししちゃうのです」「保護者も困っているので何とかしたいです」という悩みに対して、「パンツは無理だからおむつにしましょう」という結論を出すのは、対症療法のような感じで、解決にはつながっていません。

「お漏らし」を小さく分解する

　「子どもがお漏らしをする」という事例の場合は、「先生、もうちょっとでおしっこ出そう」と言って「自分でSOSを言えるか、言えないか」という問題もあるかもしれません。また、「尿をどのくらいの時間貯めることができるか」ということを知らなくてはいけません。

　実際におしっこをしにトイレへ行

くだけでも、たくさんの行程があります。男の子の場合は、「トイレへ行く」「ズボンを下げる」「パンツを下げる」「おしっこする」「水を流す」「おちんちんを振っておしっこがつかないようにする」「パンツを履く」「ズボンを履く」「蛇口をひねって水を出す」「手を洗う」「ペーパータオルで手を拭く」「蛇口をひねって水を止める」など、思いつくだけでも12の行程があります。このうちのどれか1つができなかったり、やりたくなかったりすると、お漏らしをしてしまうのです。このように、スモールステップで小さく分解して、「どこに問題があるのか」を考えることが大切です。

問題を外在化して考える

「子どもがお漏らしをする」という問題を外在化する場合、「おしっこを漏らしちゃう現象」と名づけてもよいでしょう。この「おしっこを漏らしちゃう現象」が起こってしまうときはどのようなときなのか、何が起きているのかを考えます。

この場合、お漏らしをしてしまう子どもがよくないと見るのではなく、「おしっこを漏らしちゃう現象」として見ることで、「どこに対して支援をしてあげたらよいのか」「どこをわかりやすくしてあげるとよいのか」を考えるのです。スモールステップで考えることで、「自分で堂々とSOSを言えるようにしてあげる」のがよいのか「小さなステップでつまずいているところを助けてあげる」のがよいのかが見えてくるでしょう。それにしたがって、方法・改善策を考えていきます。

〈気づき〉のステップ④　「方法・改善策」を決める

86

ケース会議と
保育者の傷つき

自分の状態を知る

　ケース会議をするとき、検討する事例を提供する保育者は、その事例が困難なものであればあるほど、傷ついています。「自分なりにしっかりと考えて保育をしていたけれど、うまくいかないことがある」「よい保育をしようとしたのに、子どもたちから思いがけない言葉をかけられた」など、その傷つきの内容はさまざまです。

子どもとの関係が
うまくいかない

　しかし、ケース会議を行うときに必要なのは、保育者間で傷つきを慰め合うことではありません。「今、自分がつらい状態にいる」ということを自分で知ることが大切なのです。

試行錯誤をねぎらう

　保育者はなぜ傷ついてしまっているのでしょうか。保育のなかで問題が大きくなるまでに、さまざまな試行錯誤を行っているからです。「あれもやった、これもやった」「このような想いで保育をした」でもうまくいかなかった、ということがあってつらくなっています。ケー

ス会議には、ああでもない、こうでもないと考えたあげくに、それで
もうまくいかない保育や問題が上がってきます。まずはそのことをね
ぎらいながら、検討をはじめます。

誰のニーズなのかを考える

まずその問題が「誰のニーズなのか」を考えることから検討をはじ
めます。そのニーズに気づくだけで、例えば「私は、自分のニーズで
問題を見ていたけれど、子どものニーズから見るとまったく違ってい
た」と気づくだけで、問題が解決する場合もあります。

「Weモード」で検討する

また、問題を検討するときは「Weモード」で検討します。1人で解
決する方法を考えるのではなく、「保護者への対応は主任がやります」
「この部分は園長がやりましょう」などと分担されていきます。これが
「私たちごと」として問題をとらえているということです。「Weモー
ド」で話が進んでいくと、保育者の気持ちも負担が軽くなっていくで
しょう。

みんなで力を出し合う

ケース会議では、「少しでも解決するように、みんなで話そう」「み
んなで力を出し合おう」というような方向性で話をすることが大切で
す。そして、方法・改善策だけを決めるのではなく、保育者が抱えてい
る問題がすべて解決できるようになることが望ましいでしょう。

そのためには、問題の背景にある保育者の感情や想いの部分が、保
育者間で共有されることが大切です。その際、お互いに〈気づき〉を得
ることができるでしょう。この〈気づき〉によって、問題が解決に向か
います。

〈気づき〉のステップ④　「方法・改善策」を決める

87

子ども中心とケース会議

ケース会議は子ども中心が必須？

　ケース会議をするときに「子どもの
ために一番よいことを考えよう」と確
認して、話し合う姿を見たことがあり
ます。これはとても大切なことですが、
私は少し違う視点で考えています。

　基本的に、保育者は子どものために
動いている人たちです。そのような人
たちが、「子どものために」と考えられ
なくなっていたり、自分のことがより

子ども中心の
視点で
話さなくては
いけない

大事になっていたりする状態は「自分を保つことが苦しくなっている
状態」といえるでしょう。このような状態を解決することが、最終的
には「子どものため」になるのだと思います。

本来の保育者の状態を取り戻す

　子どもについて考えられない状態になっている保育者の本来の状
態を取り戻すことが大切です。落ち着いているときには、子どものこ
とが嫌ではないし、誰よりもわかっているのに、ついどなってしまう
保育者がいます。このような人は、子どもが大好きだという人が多い

しかし、「自分は子ども中心で保育をしなくてはいけない」「子どものためだから、自分を否定しなくてはいけない」と、自分の悪いところを直さなくてはいけないという視点で話しているときは、傷つきをどんどん無意識のほうにもっていこうとしています。

また、子どもに怒ってしまう保育者などは、そのような自分に対して、アンガーマネジメントの研修を受けようとしたり、誰かの言葉を信じてそれにすがろうとしたりするのです。もともと「子どもが好きで、子どものことを考えるのが楽しい」と思っていた自分を取り戻すことが優先されるべきなのに、他の技術を身につけようとすることは、あまり効果のないことだと思います。

「子ども中心」にとらわれない

ケース会議などの話し合いでは、まず、保育者自身が感じていることを素直に話すことが大切です。この場合、「子ども中心に」と気をつけながら話す必要はありません。そのとき感じていることや起こっていることを、ありのままに話すことで、話を聞いている周りの保育者たちは、問題がどこにあるのかいっしょに考えることができるでしょう。

そして、「それはきついよね」とねぎらうことや「解決できるようにみんなで力を出し合おう」と「Weモード」で話し合うことが大切です。

88 できることと 意識してやること

できることと意識してやることは違う

方法・改善策を決めていくときに、保育者として知っておくべきことは、「できることと、意識してやらなくてはいけないことは違う」ということです。

方法・改善策を決めると、それは「意識してやらなくてはいけないこと」になります。責任が生まれてくるのです。この責任ある仕事は、誰でもできるのかというと、そうでもありません。責任を果たすことが苦手な人もいます。

だらしないというレッテル

例えば、寝坊ばかりしていつも出勤時間がギリギリの保育者がいるとします。「もっと早めにこないとだめだよ」と先輩保育者に言われても、できません。そこで「だらしない」「ルールを守らない」「言うことを聞かない」というレッテルを貼られてしまいます。

また別の保育者が、「私、ダイエットをしようと思っているのです」と何度も言っているのに、痩せられず、食べてしまい、自分でも「私は意志が弱い」と考えているとします。このように、遅刻してしまう保育者も、ダイエットができない保育者も、見ようによっては「だらしない」というレッテルを貼られてしまうでしょう。

しかし彼らは、無意識の力が圧倒的に強い人です。「寝ていたい」とか「おいしいものを食べたい」という無意識の欲求が強いといえるでしょう。

このような人は「自分は無意識の欲求に支配されやすい」と知ることが大切です。この無意識の欲求は〈ノイズ〉でもあります。この〈ノイズ〉と向き合

うことで、責任ある仕事が与えられたときに、自分との向き合い方を調整することができ、しっかりと責任を果たすことができるようになるのです。

「できること」と「意識してやること」の違いを知る

その仕事の責任をまっとうできるかどうかは〈ノイズ〉が影響している場合があります。方法や改善策を決めていく場合には、それぞれの保育者に得意不得意があることを知っておきたいものです。そして、「できること」と「意識してやらなくてはいけないこと」の差があることを知っておくことで、バランスをとることもできるでしょう。

このように自分自身に〈気づき〉を得ることで、それぞれの責任を果たすことができ、より良く働くことができるようになります。

89 ルールは形骸化する

保育の形骸化

　園の創立から何年も経ち、保育が充実してくるのはとてもよいことですが、日ごろから私はとても気にかけていることがあります。それは、保育が形骸化しないようにすることです。

　創立当初から保育者としてかかわっている人たちは、園の保育のあり方を理解してくれて保育をしていますが、途中から園に加わってくれた保育者などは、「なぜ食事のときに、このように介助をするのですか」などと保護者から質問を受けたときに、「くらき永田保育園では、このようにやることにしているのです」などと答えてしまうことがあります。私はこれを「保育の形骸化」と呼んで、一番懸念しています。

理念や基本的な考え方を共有する

　園にはいろいろな決まりやルールがあります。保育の支援についても決まりやマニュアルなどがありますが、これらはすべて、園の理念などが基本にあります。この基本的な考え方をしっかり共有することで、ルールの形骸化は防げるはずです。

　基本的な考え方を共有できていれば、保護者からの質問に対しても、「このようにやることにしている」とは答えずに、基本的な考え方を伝えることができるようになるはずです。

保育の形骸化を見かけたら

　まれに、保育の形骸化を見かけることがあります。そのときはまず、保育現場を確認するようにしています。例えば、保護者からの質問にうまく答えられず「このようにやることにしているのです」と答えてしまったと聞いたときは、「それを答えた場面は、どんな場面だったの？」「保護者は、どのような意味でその質問をしてきたの？」と確認します。保育の形骸化を感じさせるやりとりをしてしまった保育者には、過ぎた話なので、本人を責めることはしません。

リーダーやメンターと協力する

　保護者がなぜ質問してきたのかわからない場合は、リーダーやメンターの保育者に「今度、改めてもう1回、リーダーの先生から保護者に聞き直してもらえる？」と伝えて、疑問を解決していきます。このようにしながら、保育の形骸化が進まないように気をつけています。

　保育所では、大小にかかわらず、方法や改善策を決めることがたくさんあります。その際、保育者たちとしっかり理念や基本的な考え方を共有し、保育者たちがしっかりと説明できるようにしてあげることが大切だと思います。

90

問題と向き合い続ける

保育の問題解決は時間がかかる

　保育では、本当にたくさんの問題と向き合います。その問題のどれもが、解決までに長い時間を要するものです。子どものハンディキャップ、社会的養護の問題など、すぐに解決できるものばかりではありません。

　社会では、問題解決は即効性や実効性という「すぐに解決する」「確実に解決する」ことが望まれることが多いのですが、保育の場合は、即効性や実効性が必要な問題がある一方、とても時間のかかる問題も多くあります。子どものハンディキャップのような問題は、確実に解決することよりも、より良く生活する方法を考えることが大切な場合もあります。

すぐに結論が出なくても、問題と向き合い続ける

　問題が起こったときは、どうしても不安が先に立ってしまいます。その問題を解決したいのだけれど、自分の及ぼす影響力のなかでは変化が起こせないように感じられると、煮詰まってしまうものです。このときに大切なのは「問題と向き合い続けること」です。

　保育の現場では、すぐに解決できなければその問題と向き合うことをやめてしまう、ということができない場合が多いです。なかなか解決

しない問題を、頭の隅に置いておきながら、もやもやしながら付き合い続ける能力というのが、保育現場で起こる問題の解決には必要です。

複数の人たちと問題を共有する

　保育現場で起こる問題は、必ず複数の人たちと問題を共有することが大切です。さまざまな人の考え方や、それぞれの人のもつ能力をかけ合わせることで、問題解決に近づくことができるでしょう。

問題を先送りにしない

　解決が難しい問題に向き合う場合、「答えが出ないので、様子を見ましょう」ということも、保育の現場では少なくありません。この場合に大切なのは「○○が起きたら、きちんと話し合うようにしよう」という「介入するべき点」を確認しておくことです。子どものハンディキャップの問題や、家庭に何か危険な要素がある場合、社会的養護の課題の場合は、特にこの「介入するべき点」の確認が大切になります。

子どもの視点で問題を見る

　何より大切なのは、「子どもの視点」で問題を見ることです。すべての問題を洗い出したときに、大人の視点で見た問題を話し合うのではなく、「子どもの視点」で見ることが、保育の現場の問題解決には欠かせません。そして、より良い〈気づき〉を得ることにつながるのです。

まだ遊びたいのだな

〈気づき〉のステップ④　「方法・改善策」を決める

▪▪ おわりに

　保育所の園長になって、20年の月日が流れようとしています。保育に関してまったくの素人だった自分が、保育に関する実践書を書かせてもらったり、講演に呼んでいただいたりする機会も増えましたが、自分の正直な心情を吐露するのであれば「保育者でもない門外漢の自分が、保育所の園長などしてよいのだろうか？」という想いが今なお、心の中心にあり、また、自戒の念に駆られることもしばしばです。

　そんな私に中央法規出版さんが「〈気づき〉の本を出しませんか」と声をかけてくれました。もともと虐待や暴力、母子福祉といった分野でソーシャルワークや対人援助をしてきたこともあって〈気づき〉というテーマには強い興味をもちましたが、本にできるほどの引き出しもなく、また、保育の仕事とも関係がなさすぎると感じたこともあり、やんわりとお断りする予定でした。しかし、「ちょっと雑談を兼ねて意見交換しましょう」ともちかけられたのが運の尽き……「それ、おもしろいですね」「目からうろこです」などと中央法規出版の編集者・平林敦史さんと、フリー編集者の平賀吟子さんにおだてられると、なんだかとってもよい気分。いつの間にか出版までのスケジュールが組まれ、強制的に〈気づき〉とは何ぞやと向き合う日々が続きました。

　本ができあがり、改めて読み直してみると、実に自分らしい保育の実践書になっているではないですか。そして、この本が保育にたずさわる人たちの助けになってくれたら、私のような人間が保育の世界にいてもよいのだという証になる気がしています。

鈴木八朗

∷著者紹介

鈴木八朗 (すずき・はちろう)

くらき永田保育園 (横浜市) 園長。社会
福祉士。

東洋大学社会福祉学科卒業後、日本社
会事業大学研究科を経て母子生活支援
施設くらきの指導員となる。同施設の
施設長在任時にくらき永田保育園の新
設にかかわり現在に至る。趣味のアウ
トドアを活かし、「こども環境管理士」
として、子どもの環境教育や自然体験
の普及に努めている。著書に『40のサ
インでわかる乳幼児の発達──0・1・
2歳児が生活面で自立する保育の進め
方』(黎明書房)、『発達のサインが見え
るともっと楽しい　0・1・2さい児の遊
びとくらし』(メイト)、『0・1・2歳児の
学びと育ちを支える保育室のつくり方
──5つのゾーンで構成する保育環境』
(チャイルド社) などがある。

子どもの育ちを支える「気づく力」

保育者の自己成長を促す90のポイント

2021年9月1日　発行

著　　　者　　鈴木八朗

発　行　者　　荘村明彦

発　行　所　　中央法規出版株式会社

　　　　　　　〒110-0016　東京都台東区台東3-29-1 中央法規ビル

　　　　　　　営業　　　　　　Tel 03（3834）5817　Fax 03（3837）8037

　　　　　　　取次・書店担当　Tel 03（3834）5815　Fax 03（3837）8035

　　　　　　　https://www.chuohoki.co.jp/

造 本 装 幀　　**Boogie Design**

カバーイラスト　　タオカミカ

本文イラスト　　中小路ムツヨ

編 集 協 力　　平賀吟子

印 刷・製 本　　株式会社ルナテック

定価はカバーに表示してあります。

ISBN978-4-8058-8362-4

本書のコピー、スキャン、デジタル化等の無断複製は、著作権法上での例外を除き禁
じられています。また、本書を代行業者等の第三者に依頼してコピー、スキャン、デ
ジタル化することは、たとえ個人や家庭内での利用であっても著作権法違反です。
落丁本・乱丁本はお取替えいたします。

本書の内容に関するご質問については、下記URLから「お問い合わせフォーム」に
ご入力いただきますようお願いいたします。
https://www.chuohoki.co.jp/contact/